はじめてのフェミニズム

デボラ・キャメロン Deborah Cameron
向井和美 訳

JN036459

★――ちくまプリマー新書
435

目次 ＊ Contents

凡例

本書の引用文はすべて拙訳です。
また、［　］は訳注を示します。

はじめに

「男も女もみんなフェミニストでなきゃ」。作家のチママンダ・ンゴズィ・アディーチェは、二〇一四年に出版された同名のエッセイでそう宣言しています。しかし、その一年後にイギリスの世論調査会社ユーガブが実施した調査によると、自信を持ってそんなふうに言える女性は少数でした。ほとんどの女性は今もフェミニズムが必要だと認めたものの、およそ半数が「自分はフェミニストを名乗らない」と言い、五人にひとりはフェミニストという言葉を侮辱的と捉えていました。

このような相反する感情は、なにも目新しいものではありません。一九三八年、作家のドロシー・L・セイヤーズは、ある女性協会からの依頼で、「女性は人間なのか？」と題した講演を行ないました。その際、まずこんな断りを口にしています。

講演を依頼してくださった秘書のかたは、わたしがフェミニズム運動に関心を持っているはずだと思われたようです。だから、ちょっと苛立《いらだ》ちながら答えました。わたしはいわゆるフェミニストだと「自認する」ほどではありません、と。

当時こういう感覚はごくふつうだったため、セイヤーズと同時代の小説家ウィニフレッド・ホルトビーはこんな疑問を口にしています。「なぜ一九三四年の今、女性たち自身が先頭に立って、この一五〇年間の運動をこれほどまでに否定するのでしょう。運動のおかげで、少なくとも政治や経済や教育や道徳の面では、基本的な平等が実現したはずなのに」

そして、現在でも女性たちがフェミニストを自認することをためらう理由のひとつは、その言葉が否定的なステレオタイプにつながると知っているからです。「フェミニスト」という言葉には、不機嫌で女らしさに欠ける、男嫌いな女性をけなす意味で使われてきた長い歴史があります。そのうえ、セイヤーズが作品を書いていたのは、イギリスの女性が男性と同等の投票権を獲得したすぐあとの時期でした。フェミニズムは流行遅れで見当外れなものになり、投票権を獲得したあとの世代には訴えるものがなくなっていました（その五〇年後に同じようなことがまた起きました。一九八〇年代から一九九〇年代、若い女性たちは母親の「ウーマンリブ」を拒否し、メディアのコメンテーターは「ポストフェミニズム」時代の到来を宣言したのです）。

しかし、ウィニフレッド・ホルトビーの疑問にはもうひとつの答えが考えられます。つまり、フェミニズムへの向き合いかたは、なにを「フェミニズム」とするかによって変わってくるということなのです。だれかが「フェミニズム」という言葉を使うとき、意味しているのは次のどれか、あるいは全部かもしれません。

・理念としてのフェミニズム。かつてマリー・シアー［アメリカの作家、フェミニズム活動家］は「女性は人であるという根源的な考えかた」だと言いました。
・集団的政治プロジェクトとしてのフェミニズム。ベル・フックス［アフリカ系アメリカ人社会活動家］の言葉を借りれば、「性差別および性差別的な搾取と抑圧を終わらせるための運動」です。
・知的枠組みとしてのフェミニズム。哲学者ナンシー・ハートソックは「分析のひとつの様式であり……問いを発し、答えを探す方法のひとつ」と呼びました。

フェミニズムのこうした捉えかたにはそれぞれに歴史があり、組み合わせの方法は複雑です。

理念としてのフェミニズムは、政治的な運動よりずっと昔から存在していました。ヨーロッパで政治的フェミニズムが始まったのは、一般的に一八世紀後半とされています。しかし、女性がペンの力によって、不当な誹謗中傷《ひぼうちゅうしょう》から自分の性を守るやりかたは、すでにその数世紀前から存在していたのです。先駆的な作品『女たちの都（The Book of the City of Ladies)』の著者クリスティーヌ・ド・ピザンは、一五世紀初頭にフランスで職業作家となった知的な女性です。この本は、権威ある男性たちが持ち出したミソジニー（女性蔑視）の議論に対抗するため、体系的に書かれたものでした。人間の価値は「性によって決まる身体ではなく、すぐれた振る舞いと美徳」にある、と著者は主張しています。その後四〇〇年以上にわたって、同じような主張をする作品がヨーロッパのさまざまな地域にあらわれてきました。とはいえ、書く人の数は比較的少なく、集団的な運動にまではならなかったし、著者たちもフェミニストを自称することはありませんでした（その言葉が使われはじめたのは、一九世紀になってからです）。とはいえ、彼女たちが「女性は人であるという根源的な考えかた」に共感していたのはたしかです。女性に対する当時の男性主義的バイアスを批判することによって、彼女たちは事実上、最初のフェミニズム理論家になったと言われています。

ドロシー・L・セイヤーズも女性は人だと考えていました。彼女はこう記しています。「女性は男性と同じふつうの人間であり、同じようにひとりひとりが好みを持ち、個人の嗜好《しこう》に対する権利も同じように持っている」。ところが、その信念があるからこそ、セイヤーズは組織化された政治運動としてフェミニズムをなかなか受け容れなかったのです。「個人としてではなく、つねにグループの一員として見られるのは、だれにとってもいやなことだ」。これは政治運動としてのフェミニズムの根本にあるパラドックスです。つまり、男性と同じように女性も人であると主張するためには、女であることを基準に団結しなければならないのです。しかし、女性たちのあいだには大規模で多様なグループがいくつも内在しているため、いつの時代も団結させるのは難しかったのです。

フェミニストたちは自由、平等、正義といった抽象的な理想を支持することでは団結するのですが、理想を具現化するにはなにが必要か、となると意見が違ってきます。歴史家によると、フェミニズムがこれまで大衆の支持を受けたのは、その政治的な目標がさまざまな考えかたや利害と一致したときだけだったのです。

一九世紀に始まり、二〇世紀初めに頂点を迎えた女性参政権運動は、まさにその一例でした。活動家たちが展開した二つの中心的議論は、女性が持って生まれた特質と社会的な役割について、別々の——そして理論的には両立しない——見かたをしていました。いっぽうの見かたは、男性との類似点を強調すれば、女性も同じ政治的権利を得られるようになるというもの。もういっぽうは男性との違いを強調し、女性独自の問題を男性の有権者だけでは解決できないと主張するものでした。この運動の目的——女性の政治的権利を獲得すること——が、関心や忠誠心の異なる人たちや、場合によっては真っ向から対立する人たちを互いに近づけることもありました。たとえば、アメリカで黒人女性が参政権の理念を支持したのは、女性参政権を得れば人種の平等を目指す闘いが前進すると信じていたからです。逆に、白人女性に参政権を与えれば白人の優位性が高まると考えた南部の人種差別主義者と、その考えを利用しようとする白人フェミニストが手を結ぶこともありました。イギリスでは、参政権運動家たちのなかに保守派の支持者もリベラル派の支持者も急進派の支持者もいて、保守派の女性たちは、教育を受けた有産階級の女性のほうが労働者階級の男性よりも投票権を得る資格がある、という議論をときおり利用しました。それに対して社会主義者たちは、すべての男女に投票権を与えたほうが、労働者階級全体の立場が強くなると主張しました。

これらのグループは目的こそ違うものの、女性に投票権を与えることで利益を得る立場に変わりはないのだから、団結してもよさそうなものです。けれども、ほかの点で意見の違いが根深いことを思うと、団結が長続きしなかったのも無理はありません。そしていったん参政権を勝ち取ってしまうと、女性同士での違いがふたたび鮮明になり、「性による連帯」は対立へと変わっていきました。一九三〇年代のイギリスでは、男性との類似点を強調するフェミニストと、女性の独自性を強調するフェミニストが分裂して、競合するふたつのアプローチが生まれ、それぞれ「古い」フェミニズムと「新しい」フェミニズムと呼ばれるようになりました。「古い」ほうは男性との平等を求め（たとえば、同一賃金や雇用機会の平等)、「新しい」ほうは、妻や母親としての女性の立場を改善することに力を注ぎました(たとえば、寡婦年金や家族手当の支給など)。

いっぽうから他方へのこうした揺れ動きは、フェミニズムの歴史上、何度となく起きています。その動きが今も続いているのは、新たな時代の課題に対応するためもありますが、新しい世代が前の世代と違うことをしたがるせいでもあるのです。このような傾向は、フェミニズムを歴史的に語る際、顕著にあらわれます。つまり、フェミニズムは「波」の繰り返しによって前進してきたというのです。この語りかたによれば、「第一波」が始まったのは、女性たちが集まって法的権利や公民権を要求した一九世紀半ばのことで、それが終わったのは、一九二〇年代に参政権運動が勝利したときです。一九六〇年代後半にアメリカでフェミニズム運動が盛んになり(すぐほかの場所にも拡がりました)、これを活動家たちは「第二波」と呼びました。というのも、急進的だった一九世紀のフェミニズムと、自分たちの運動がつながっていることを強調したかったからです。「第三波」を宣言したのは、一九九〇年代初めの新世代の活動家たちでした。彼女たちは第二波のやりかたとはまったく違う方法を選びました。その後、フェミニズムへの新たな関心は、この一〇年間で目に見えるようになり、これを「第四波」と呼ぶこともあります。

「波」のたとえは広く使われているものの、数々の批判を招いてもきました。そのひとつは、過去の波によって生まれたものが実際にはまだ現存しているのに、新しい波が前の波と入れ替わったように見せるのは、歴史を単純化しすぎているということです。第二波がもたらしたものの多く（たとえば、女性のための学習講座や、家庭内暴力からの避難所）は現代のフェミニストにも関わりがあるし、いくつかのフェミニスト組織（ミリセント・フォーセットにちなんで名づけられたイギリスのフォーセット協会など）のアプローチのしかたは、もし第一波の女性たちがまだ健在なら理解できたはずです。波のたとえが批判されてきたもうひとつの理由は、時代の異なるフェミニズムを一般化しすぎたこと。一九六〇年代に成人した女性も一九九〇年代に成人した女性も、まるで全員がまったく同じ考えや懸念を共有しているかのように。しかし、実際はそうではありませんでした。政治的な違いや意見の不一致（参政権運動の箇所で述べたように）はどの波にも、そしてどの世代の女性たちにも存在していました。波のたとえに対する三番目の批判は、波によって区切ることで、フェミニズム運動の継続性をわかりにくくしてしまったことです。実際には、一九二〇年代に運動が終わったわけではなく、一九六〇年代後半まで冬眠状態にあっただけなのです。参政権運動はその目的が達成したときに終わりましたが、女性の権利向上のための運動は、形や場所を変えて続いていました。

ここからわかるのは、フェミニズムの歴史を政治運動として描くことの難しさです。なぜなら、政治運動としてのフェミニズムは、これまでもそして現在もつねにばらばらで決まった形を持たないからです。その歴史には、具体的なフェミニスト組織（たとえば、二〇世紀初めの参政権運動家グループや、一九六〇年代半ばに設立された全米女性組織や、二〇一五年に結成されたイギリスの女性平等党など）だけでなく、フェミニズムの目標を追求してきたあらゆる運動をも考慮に入れなければなりません。たとえば労働運動、協同組合運動、平和運動、環境運動など。自律的なフェミニズム政治運動――女性によって、女性のために組織された――は、ほかの政治闘争から発展してきたものが多いのです。たとえば一八世紀後半のフランス革命や、一九世紀の奴隷制廃止運動や、二〇世紀の公民権運動、反戦運動、反植民地主義運動から。こうした運動に関わったことで、自分たちが抑圧された状況にあることを知り、一部の女性たちは運動を離脱して、フェミニズムに特化した組織を自分たちの手で作りました。ほかの女性たちは、もとのグループにとどまったものの、だからといって彼女たちがフェミニストでなかったわけではありません。

冒頭で挙げたフェミニズムの三番目の意味、つまり知的枠組みとしてフェミニズムを捉えると、その実態はさほど単純ではありません。フェミニズムは哲学運動や流行の思想（たとえば「実存主義」や「ポスト構造主義」など）のような通常のプロトタイプには当てはまらないのです。というのも、大御所思想家が書いただれもが知る書物を中心に据えてはいないからです。もちろん、現代フェミニズム思想の歴史には、基本として広く知られている理論的書物が存在します――たとえば、メアリ・ウルストンクラフトの『女性の権利の擁護』（一七九二年）や、シモーヌ・ド・ボーヴォワールの『第二の性』（一九四九年）など――が、それ以降は、すべてのフェミニストが認める本のリストを作るのは難しくなりました。「フェミニズム」という言葉には、その前にたとえば「黒人」「社会主義」「リベラル」「ラディカル」「インターセクショナル」といった修飾語

（これがすべてではありません）が付くことが多いのです。そうしたカテゴリーには、重複しているものもあれば——ひとりのフェミニストが同時に複数のカテゴリーに忠誠を誓うこともある——対立し合うもの、あるいはそう見られているものもあります。テーマによっては、フェミニスト同士で意見の違いが少ないものもあれば、違いが鮮明なものもあるのです。

これまでのところ、「フェミニズムとはなにか」に対するわたしの答えは、「複雑だ」のひとことに要約されてしまいます。フェミニズムは多面的であり、歴史的な形態においても、政治的、知的な意味においても多様です。その多様さがいわば傘となって、互いに異なったり対立したりする思想や利益を守っているのです（その思想を支持する人たちのなかには、フェミニストを自認しない人もいます）。それらすべてをまとめるものがあるでしょうか。フェミニストを自認する人たちすべてが同意する基本原則はあるのでしょうか。多くの作家が「ない」と答えており、単数形の「フェミニズム」ではなく複数形の「フェミニズムズ」について話すべきだと言っています。普遍化しようとすると、たいがいは一般化しすぎて役に立たない定義が生まれてしまいます。たとえば、「フェミニズムは女性の社会的地位を変えるための積極的願望である」と言えば、「なにからなにに変えるのか」という質問がたちまち飛んできます（また、あきらかな反フェミニズムのグループでさえ「女性の社会的地位を変えるための積極的願望」を持っているではないか、という批判も招きかねません）。

本書ではフェミニズム（ズ）の複雑さを織り込んだうえで考察していくつもりですが、まずはどこかから始めなければならないので、先ほど引用したきわめて一般的な定義より少しは有益な定義を、はじめに最小限記しておきます。フェミニズムにさまざまな種類があるのは間違いないですが、そのどれもがふたつの基本的な理念にもとづいています。

1 現在、女性は社会において従属的な立場にいる。そのため、女性であることによって、あきらかな不正義や制度的な不利益にさらされている。

2 女性の従属性は避けられないものでも望ましいものでもない。政治的行動によって変えることができるし、変えなければならない。

女性がなぜ社会において従属的な立場にいるのか、その従属性はどのように維持されているのか、そこから利益を得るのはだれで、その結果はどうなるのかといったことについて、フェミニストたちの見解は分かれます。しかし、これらの点に関してどれほど不一致があろうとも、女性が現に従属的であり、記録に残る人間社会の大部分において、その従属性がなんらかの形で存在してきたことについては、だれもが同意するでしょう。いっぽう反フェミニストたちは、女性を従属的とすることに異議を唱えるかもしれません。近ごろ、男性権利運動の支持者のなかには、西洋の女性は男性より優位になったと言う人もいるからです。そのほかの反フェミニストのイデオロギーは、女性が従属的立場にいることを認めてはいるものの、それは神や自然が定めたものだという理由で正当化しています。そのような正当化を拒否することこそ、フェミニズムの基本理念のふたつ目です。女性の立場をどう変えるかについてはフェミニストのあいだで意見が分かれるかもしれませんが、変化は必要だし可能だということはだれもが信じているのです。

わたしは「女性」という一般的な言葉を使ってきましたが、これはなにも、「女性」

が内的な同質グループを形成し、みなが同じ不正義や不利益に苦しんでいる、という意味ではありません。現代フェミニズムの潮流はほとんどが、キンバリー・クレンショー［アメリカの弁護士・人権活動家］の言う「インターセクショナリティ（交差性）」を採り入れています。これは女性の経験が性別によってだけでなく、人種、民族性、セクシュアリティ、社会階級といった、アイデンティティや社会的地位などの側面からも形づくられることを認めるものです。性差別や人種差別など、支配と従属のさまざまなシステムが交差《インターセクト》することで、女性のグループごとにさまざまな結果が生まれてくるのです。そして、そのグループ間に利益の対立が生じることも珍しくありません。従属的立場でいることはあらゆる女性に悪い結果をもたらす、とフェミニストたちは信じていますが、その結果はどれも同じではないのです。

インターセクショナリティの理念は、ひとつの社会で異なる立場にある女性同士の関係を考えるのに役立ちます。とはいえ、国や地域の境界を越えた女性たちの状況についても考えなければなりません。なぜなら、わたしたちはグローバル化した世界に住んでおり、現代のフェミニズムは地球規模の運動なのですから。その点については以降の章で記していきますが、本書はページ数も少ないため、さまざまな地域や国のフェミニズムすべての形を等しく取りあげることはできません。したがって、焦点を当てるのは西洋（とくにイギリスとアメリカ）の二〇世紀から二一世紀のフェミニズムということになります。それだけでも内側に多様性を含んでいます（そして、グローバルに考える必要性がますます認識されるようになっています）。しかし、そういうケースはこれだけではありません。わたしがおもに取りあげるからといって（わたし自身の立場を反映した選択です）、あらゆる場所にいるフェミニスト全員がこれを基準にしているとは思わないし、すべきだとも思いません。

フェミニズムのストーリーは複雑さに満ちています。「フェミニズム」という言葉をこれまですべての女性が積極的に受け容れてきたわけではありませんし（大部分の女性ですらありません）、受け容れた女性のあいだではつねに対立がありました。それでもフェミニズムは生き残ってきました。フェミニズムが死んだという言いかたは誇張だったのです。フェミニズムの核となる理念――「女性は人であるという根源的な考えかた」――を今日なお公然と批判する人はまずいません。けれども実際は、その総論に続く各論のなかに悪魔はいるのです。この問題に対してフェミニストたちが出した答えこそ、これからの本文で述べるテーマです。

第一章　支配

ナオミ・オルダーマンが二〇一六年に出版した小説『パワー』は、女性が男性を支配するのが当たり前となった未来世界を描いています。小説では、この当たり前をどうにかしたいと思ったある男性作家が、はるか昔、男性の支配を女性が覆《くつがえ》した時代のことを語っていきます。革命が始まったのは、少女たちが自分の身体に電流を発生させることができると気づいたときでした。その能力を使えば、相手に電気ショックを与えて、痛みを起こしたり殺したりもできるのです。最初、彼女たちはこの力をおもに自己防衛として使っていましたが、やがて悪用しはじめ、男性を怖がらせて優位に立つようになりました。その後、女性たちは中央政府から犯罪組織まであらゆるものを動かしていきます。性的にもアグレッシブになり、快楽のために男性を虐待することもあったほど。彼女たちは新たな神話を作って、自分たちの支配をごく自然なものに思わせました。ときがたつにつれ、かつては男性が権力を持っていたという考えそのものが、ばかげた憶測と希望的観測から生まれた不条理として退けられるようになったのです。

男性から見ればこの本はただのディストピアにすぎない、と著者オルダーマンは言っています。なぜなら、彼女の描いた世界で男性が経験することは、現実の世界で女性が耐えていることに較べれば、さほどひどくはないのですから。とはいえ、『パワー』はフェミニストにとっても典型的なユートピアというわけではありません。異世界を描いたフェミニズム小説――シャーロット・アンナ・ギルマンの『ハーランド』(一九一五年)から、マージ・ピアシーの『時を飛翔する女』(一九七六年)まで――が理想とする社会はたいがい、女性が自然と調和して(男性がいてもいなくても)平和に生きる平等主義的な場所です。『パワー』の世界はわたしたちの世界と似ており、違うのは女性と男性の立場が入れ替わっていることだけ。この作品が問いかけてくるのは、もし男性を支配する力があれば、女性はこれまで男性にされてきたのと同じように、その力を乱用するだろうか、ということです。しかし、この仮定的な疑問を考えると、なぜ実際には女性が男性に対して力を持っていないのだろう、と不思議になるはずです。いっぽうの性が他方を支配する場合、支配する側はつねに男性なのです。わたしたちにとって、これは自明のことに思えます。オルダーマンが描いた架空の遠い未来で、その反対が自明だったのと同じように。これまで、女性が男性を支配する社会は存在したのでしょうか。フィクションや神話以外に、そんな社会が存在しうるのでしょうか。

こうした問題を、フェミニストもそうでない人たちも、ゆうに一世紀以上は議論してきました。この章では、そもそもなぜ男性が優位になったのか、その形が時間とともにどう変化してきたのか、なぜ現在のような状況になったのかについて、作家たちが論じてきた問題をいくつか取りあげます。ただし、まずあきらかにしておきたいのは、ある社会を「男性優位」とすることがなにを意味している——していない——のか、ということです。

男性の優位性についてよく持ち出されるのは、「男といっても全員ではない」という反論です。フェミニストは一部の男性だけの行為を男性一般の行為として批判しているとか、同じくらいひどい行ないをする女性もいるではないか、といったように。だから、フェミニストが男性の優位性や「家父長制」（文字どおり〝父親の支配〟を意味する用語ですが、フェミニズムではもっと一般的に〝男性優位〟と同義に使います）について話す場合、男性個人の態度や意図や振る舞いを批判しているのでないことは、はっきりさせておかなければなりません。むしろこれは社会構造の問題なのです。男性優位の家父長制社会とは、その構造や制度――法的、政治的、宗教的、経済的――が男性を女性より上に置くようにできている社会なのです。ひとりひとりの男性はある種の権利や特権を手放したがっているとしても、それによって男性の集団的、構造的な優位性がなくなるわけではありません（同じように、一部の資本家は労働者の待遇を改善するとしても、それによって資本主義が不平等と搾取にもとづくシステムだという事実が変わるわけではありません）。哲学者ジョン・スチュアート・ミルは一八五一年にハリエット・テイラーと結婚したとき、夫が妻の上に立つという法的権利を決して行使しないと誓いました。しかし、この約束に法的な効力はなく、ミルはいつでも自由に撤回することができました。この結婚はほんとうの意味で平等ではありませんでした。なぜならテイラーの立場は、夫が妻をどう扱うかにかかっていたからです。ほんとうの平等とは構造の問題であって、個人の道徳の問題ではないのです。

では、構造的な男性の優位性とはどんなものでしょう。ひとことで言えば、それは変化するものです。文化が違えば優位性も違ってくるし、時代とともに変わるものでもあります。それでも、男性優位の社会には次のような共通する特徴がいくつか、あるいはすべて備わっています。

・男性は政治権力やリーダーシップを独占したり、多数を占めたりしており、政治的意思決定において女性よりも発言権を持っている。
・男性には女性にない法的権利がある。
・男性は女性よりも多くの資産を所有したり管理したりしている。
・男性は家庭内で女性に対して法律、宗教、慣習によって認められた直接的な権限を持っている。
・男性の活動、職業、文化的作品、思想など知の形態は、女性よりも高い地位を与えられている。
・男性は暴力やその脅威によって、女性を支配し怯《おび》えさせている。

社会が異なればこれらの特徴はあらわれかたもその程度も違ってくるし、ひとつの社会でも時間とともに大きく変わることがあります。ジョン・スチュアート・ミルの時代、イギリスではあらゆる点でまさしく男性優位でした。今日、イギリスでは女性議員の数も増えたし（まだ同等ではありませんが）、経済的立場も改善されています。女性には男性と同じ法的権利があり、男性は妻や娘に対して、もはや法律で認められた直接的な権限は持っていません（ただし家庭内暴力の広がりや、一部のコミュニティに存在する〝名誉〟にもとづく暴力を見れば、男性のなかには依然として、特権を当然視している人がいるとわかります）。たとえ同じ時代の同じ社会であっても、性別による構造的な不平等は、さまざまな女性グループにさまざまな形で影響を与えていくのです。イギリスにおける一般的な経済状況は、一八五〇年からは改善されたかもしれませんが、恩恵が等しく分配されてきたわけではありません。つまり、世代や階級や民族が違えば、女性のあいだでも顕著な違いがあるし、教育の程度や子どもの有無によっても違ってくるのです。

違いは男性のあいだにも存在します。そうなると、なにをもってある社会を「男性優位」と呼ぶのか、という新たな疑問が湧いてきます。あらゆる男性が、あらゆる女性よりも力や富や自由や地位が上だということなのでしょうか。いいえ、そうではありません。カーストや階級や人種や民族の分断によって階層化された社会では、多くの男性が政治的、経済的な力を奪われます。すると、より高い社会的階層にいる女性は、低い階層にいる男性より優位になるのです。たとえば、奴隷所有者の妻は男性の奴隷に命令することができたし、領主の女主人は夫の所有地で働く農業労働者の男性よりも地位が高かったのです。しかし、領主や農場主の妻という高い地位にいる女性ですら、夫の権威には従う必要がありました。同じ原則が、社会階層のほかの立場にも当てはまります。たとえば、農業労働者は領主の妻に従う義務があったものの、自分の家では妻に従わせることができたのです。

こうした関係性――つまり、男女間の不平等と同じことが社会構造のあらゆるレベルで再生産されている――は、女性同士での違いや不平等を議論する際、抜け落ちてしまうことがあります。もしハリウッドの大女優が、最近出演した映画で男性のスター俳優が自分の二倍も報酬を得ていた、と不平を言えば、一部のフェミニストはたちまち、自分の特権を考えろと指摘するでしょう。あなたの莫大《ばくだい》な稼ぎのほんの一部でもあれば、何百万人もの女性の生活が変わるはずだ、と。当然ながら、それはもっともな指摘です。わたしは決して、億万長者同士のジェンダー平等を勝ち取ることが、フェミニストにとって政治的に優先順位が高いとは思っていません。けれども、ハリウッドの大物俳優（あるいはCEOや都市銀行家）同士に見られる賃金格差が、フェミニストにとって関心事でないというつもりもありません。これもまた、男性優位が構造的である証拠のひとつだからです。要するに、この構造はシステムのトップから底辺まで行き渡っているのです。わたしたちは底辺にいる女性への影響をとりわけ気にしがちですが（実際そうすべきです）、最終的に解体されるべきは建物全体です。だからこそ、男性支配や家父長制という一般的な概念も考慮しつつ、女性同士の違いを認めたり注意を払ったりすべきだと多くのフェミニストが主張しているのです。

ところで、わたしはこの章の冒頭で取りあげた質問にまだ答えていません。つまり、男性優位そのものはどれほど一般的なのか、ということです。はたして、それはあらゆる社会において、過去も現在も見られるのか、それとも例外はあるのか。男女ともに優位性はなかったり、女性が男性より優位だったりする社会は存在するのか。おそらくフェミニストの多く（すべてではありませんが）は、男女ともに優位的でない平等主義的社会はたしかに存在するものの、女性が優位の社会は存在しないと言うでしょう。もちろん、これまで支配者が女性である社会は存在したし、なかには女性の専制君主や絶対君主（ロシアの女帝エカチェリーナ二世など）が、男女の臣民に絶大な権力を持っていた社会もあります。しかし、専制君主が女性の場合もありえる専制主義というのは、構造的に女性が支配する社会と同じものではありません。後者については、歴史的文献にたしかな例は見られません。だとすると疑問が湧いてきます。そういう例がない理由をどう説明するのでしょう。

よくある説明は、生物学的に決まっているから、というものです。要するに、男性の優位性は男女が生まれつき持っている違いが必然的にあらわれた結果だということ。男性が女性を支配し、その逆でない（暗黙のうちにいつもそうしてきた）のは、男性のほうが大きくて強くて攻撃的だからで、また生殖においても制約が少ないからです。この説明は頻繁に使われて、ただの常識のようになってしまいましたが、ときにはもっと手の込んだ科学的な説明もされます。進化論者たちは折に触れてこう主張してきました。男性の優位性（あるいは攻撃性や競争力など、優位性を支持する特徴）が進化したのは、そのほうが遺伝子を子孫に伝えるうえで、男女どちらにとっても有益だからだ。女性は生殖に多くの時間とエネルギーを使わなければならないため、生殖が最大限うまくいくよう、セックスを提供する——その結果生まれた子どもはどちらの親からも遺伝子を受け継ぐ——見返りに男性には稼ぎ手や保護者として働いてもらう。女性にとって自然な役割は、支配することではなく育てることなのだ、と。

フェミニストの多くはこの議論を好みません。なぜなら、男性の優位性と女性の従属性は自然の摂理だというのですから。それに対して、フェミニズムは社会のありかたを変えることができると信じるものです。この課題に取り組むなかで、多くのフェミニスト（およびマルクス主義者のように、生物学的決定論に反対する人たち）が家父長制の歴史的起源を考えるようになりました。もし家父長制に歴史があることを示せれば——いつ、どこでどのようにして、なんのために始まったかがわかれば——それが人間の自然なありようだと認める必要はなくなります。なぜなら、その前になにかがあったからで、なんらかの手を打つことができるからです。

ただし家父長制の起源を考えなおすのは、たやすい作業ではありません。というのも、証拠（とりわけ文字を持たない先祖の生活に関する証拠）が限られていて、解釈が難しいからです。それでも、これまでさまざまな学者が、考古学、人類学、古代史、神話研究からもたらされた証拠を検証してきました。最初期の論文は、スイスの文化人類学者ヨハン・ヤーコブ・バッハオーフェンや、アメリカの人類学者ルイス・ヘンリー・モーガン（イロコイ族インディアンの村で暮らした経験がある）などの男性が一九世紀に書いています。ふたりとも、家父長制はそれ以前の社会形態である「母権制」に取ってかわったものだと主張しました。「母権制」とは文字どおり「母親が権威を握っている」という意味です。初期の人間社会では、不特定多数との性行為や集団婚が行なわれていたと思われます。そのため、子どもの実父を確定できませんでした。だから、こうした社会は母系（女性の家系を通して祖先をたどる）で、社会の基本単位は姉妹とその子どもたちを中心とする母子家族でした。それが父系に移行したところから家父長制が生まれたのです。このシステムでは姉妹が分かれて、それぞれ夫の一族と暮らし、子どもたちもそこで育つことになります。

なぜ移行したかという問題について、おそらくもっとも影響力があった初期の書物は、フリードリヒ・エンゲルスが一八八四年に出版した『家族・私有財産・国家の起源』でしょう。この本では、それ以前の学問を唯物史観の枠組み、つまりマルクス主義的歴史観で捉え、「歴史を決定する要因は……今すぐ生活に必要なものの生産と再生産である」と言っています。エンゲルスの説明によれば、これには「存在のための手段の生産、食料、衣類、住居の生産、およびその生産に必要な道具の生産」と「人間自身の生産、種の繁殖」の両方が含まれます。どんな時代や場所にあっても、社会の組織全体が、労働力を組織する方法にも、家族を組み立てる方法にも影響をもたらすのです。

エンゲルスの説明によれば、家父長制家族があらわれたのは、「存在のための手段」の変化、つまり牧畜の発展（家畜の繁殖と放牧）が起きたあとです。これによって一家の資産が増え、同時に一家のなかの男性（たいていは家畜の世話を担当）に、より重要な役割が与えられたのです。男性は新しい立場を利用して、財産を自分の子どもたちに引き継がせることができるようにしました。そのためには、バッハオーフェンが「母権」と呼んだ伝統的なシステムを、父権システムに置き換える必要がありました。エンゲルスがこのシステムの強制を、「女性の世界史的敗北」と表現したことは有名です。その結果を、エンゲルスはこう記しています。「女性は貶《おとし》められ、服従させられ、［男性の］欲望の奴隷にされ、子どもを産むための単なる道具になったのだ」

アメリカの女性歴史家ゲルダ・ラーナーは、一九八六年の著書『男性支配の起源と歴史』で、少し異なる考えかたを示しています。ゲルダは、家父長制の出現が生産の新しい形（農業）の発展と関係しているというエンゲルスの説には同意したものの、女性が従属させられたのは、男性が財産を子孫に引き継がせようとしたからだ、という説には異議を唱えました。そして、むしろ男性は女性と子どもたちを財産にしてしまったと主張しました。そうなったのは、新たな生産様式によって労働力が必要になったからです。より多くの子どもを産むために、コミュニティは妊娠可能な女性を必要としていました。そのために、近隣の村から女性を捕まえてきて奴隷にすることもよくありました。「奴隷にした女性や子どもは最初の財産になった」とラーナーは言っています。

一九八〇年代のフェミニストたちは、男性の優位性が必ずしも生物学的性差による必然ではないと示すため、現代でも家父長制の原則にもとづかない社会があることに焦点を当てました。こうした社会はときに「母権制」と呼ばれますが、かといって女性が優位なわけではありません。むしろ彼女たちはジェンダー平等主義者でした――あるいは、そう言われています。それがどこまでほんとうなのか、フェミニズム人類学者のあいだで議論になったこともあります。なかには、男性の優位性はあらゆる社会に存在すると主張する学者もいました。平等主義とされる社会でも、公的な仕事や儀式的な場で上に立つのは圧倒的に男性だからです（たとえば母系のイロコイ族のなかでは、女性は一族の母ですが、部族長を務めるのは男性だけ）。いっぽう、こう主張する学者もいました。男女のあいだにはたいてい役割分担があるものの――それは必ずしも「同一で交換可能」という意味ではありません――それぞれの役割や労働の産物は等しく評価され、男も女も互いを搾取したり管理したりはしなかった、と。

ジェンダー平等主義が生き残ったあきらかな例として、伝統的な生きかたを維持してきた狩猟採集社会が挙げられます。研究によると、こうした社会ではふつう、男女ともコミュニティ存続のために等しく貢献し、意思決定においても同等の役割を果たし、個人的な自由や性の自由も同じくらい楽しんでいたようです。場合によっては、男女とも日々の活動にはほとんど、あるいはまったく違いがありません（女性は狩りや釣りをしないというのも、男性は集まりを持たないというのも事実ではないのです）。狩猟採集民族が平等主義者だったのは、階級制度が発展しなかったからという否定的な意味だけではありません。彼らは協力と分かち合いの精神を積極的に育て、個人の優位性を誇示させないようにしたのです（この規範を破る者は、コミュニティからさまざまな制裁が科せられます）。男性の優位性は自然淘汰《とうた》の結果であるというおなじみの議論に対して、一部の研究者は、男性の優位性が存在しないほうが、古代の人間にとっては生き延びるのに有利だったのではないかと主張してきました。

ただし、ジェンダー平等主義社会が存在するということからは、男性の優位性が自然な普遍的事実ではないとわかるものの、人類学の文献に見られるこのような例は、複雑な現代社会に暮らすフェミニストにとってはあまり役に立ちません。もちろん、こうした例から影響を受けて、フェミニストのユートピアを描いた小説が生まれたり（たとえば、マージ・ピアシーの小説『時を飛翔する女』に出てくる平等主義の未来社会マタポイセットは、母系のワンパノアグ・インディアンの文化に高度な科学技術を採り入れたような世界です)、今とは別の実験的な生きかたをする人が出てきたりもしました。とはいえ、だれもが狩猟採集や野菜栽培の暮らしに戻ることはできないし、戻りたいと思う人はほとんどいないでしょう。多くのフェミニストが目標とするのは、二一世紀にもいまだ存在する男性の優位性を減らし、最終的にはなくすことです。そのためには、家父長制の起源を調べることはさほど重要ではありません。大事なのは、現在の形態を分析することです。現在に至るまで、家父長制はあきらかに変化してきました。文明の黎明期《れいめいき》からはもちろん、エンゲルスが本を書いていた一八八〇年代からも、そして一九七〇年代から一九八〇年代に起きたフェミニストの議論以降も。

イギリスの社会学者シルヴィア・ウォルビーの著書『家父長制の理論(Theorizing Patriarchy)』によれば、二〇世紀のイギリスのような社会では、家父長制は「私的」から「公的」な形へとゆるやかに移行してきました。ウォルビーの言う「私的」な家父長制とは、私的領域である家庭や家族間で、女性が夫や父親や兄弟などの男性個人から直接的に支配されるシステムのことです。一八八〇年代、エンゲルスも男性の優位性についてそのように捉えていました。男性は法律によって妻を支配する力を与えられ、ほとんどの女性は妻になる以外、選択肢がありませんでした。というのも、自立できるほどの給料を得られる仕事は禁じられていた（あるいは資格が得られなかった）からです。今日では、こうした私的な形の男性支配はそれほど顕著ではなくなりました（それでも完全になくなったとは言えません）。現在、イギリスではほとんどの女性が外で働いています。結婚はしてもしなくてもいいし、結婚生活をずっと続けなくてもいい。夫に従うよう法律で求められることもありません。しかしそれは、もはやどこにも従属していないという意味ではありません。プライベートな関係では男性に従属することが減ってきたものの、むしろ市民や従業員という公的役割としては、従属する場面が増えてきたのです。

たとえば仕事の分野では（第三章で詳述）、低賃金で地位の低い職業に女性が集中しています。女性は性的差別を受け、家庭における無償の介護労働も担わされるため、不利な状況に置かれます。この数十年、イギリスをはじめとする国々では「緊縮財政」計画によって公共サービスの提供が減ったことで、とりわけ女性が悪影響を受けてきました。なぜなら、そうしたサービスのおもな担い手は女性労働者だからであり、また公共サービスの撤退によって、女性がしなければならない無償の介護労働が増えるからです。

ウォルビーによれば、セックスもまた、典型的な男性支配の形から変化してきました。この五〇年間は性的解放の時代だったと捉えられることが多いのです。実際、今日のイギリスの状況を一九六〇年代と比較すると、性的マイノリティが社会的に受け容れられるようになり、異性愛者同士の不倫もそれほど汚名を着せられることがなくなりました。望まない妊娠のリスクは、信頼できる避妊法を知ることで減少したし、「まともな」女性はセックスに興味などないと思う人はもはやいなくなりました。たしかに、こうした進歩は男女どちらにとっても多くの点でよい効果をもたらしました。とはいえ、女性にも今や男性と同じほど性の自由があるかというと、フェミニストはそうは考えていません。なぜなら、性に関しても私的な家父長制――女性を夫の独占的な性的財産とするシステム――から、より公的な形へと移行してきたからです。つまり、女性はあらゆる男性が性的に利用できる対象であり、そうあるべきだという状況に変わったのです。かつては女性たちに禁じていたことを、今では期待したり、無理強いしたりすることも多くあります。こうした形での男性支配は、学校での性的いじめや、大学キャンパスでの

「レイプ文化」、職場でのセクハラ、あるいはトランプ前大統領の自慢げな言葉「俺は女のプッシー［女性器を指す俗語］をつかめるんだ」などにあらわれ、現代の家父長制の力を維持する役目を果たしているのです。そのため、政治的行動を起こすフェミニストにとっては、対象を可視化しやすくなったとも言えます。

先ほど述べたように、家父長制の起源を探る本はほぼどれも、家父長制が始まった重要な要因として、女性の生殖能力を利用し管理したいという男性の思惑があったことを挙げています。フェミニストのなかには、こんなふうに主張する人もいました。女性が男性の支配に抵抗できなかったのは、シュラミス・ファイアストーン［カナダ系アメリカ人のラディカル・フェミニスト］の言葉を借りれば、まさしく「生物としての女性性につねに翻弄され続けている」からだ、と。しかし、ファイアストーンが執筆していたころ（一九七〇年）には、すでに科学技術の進歩によって変化が起きていました。ファイアストーンも、将来は人工生殖技術を使って、女性を生物的な負担から完全に解放すればいいとさえ言っていたほどです。この提案がフェミニストのあいだで広く受け容れられることはありませんでしたが、「女性がみずからの身体の所有権を完全に回復」すべきだというファイアストーンの主張には、おおかたが同意しました。女性の解放を実現するには、子どもを産むかどうかや、いつ産むかを女性自身が決定するべきで、決めるのは男性や男性優位の機関（国家や教会や医師会）ではないのです。

一九七〇年、アメリカでこの分野の重要な政治的論争のひとつになったのは、合法的な中絶の権利についてでした（最高裁判所が「ロー対ウェイド判決」によって最終的にその権利を認めるのは三年先のこと）。イギリスでは一九六七年に中絶が処罰の対象から外されました。ただし、中絶には医師ふたりの認定を条件としていたため、フェミニストたちは必要に応じて中絶できるようキャンペーンを行ないました。キャンペーンに関わった活動家は、遠からず自分たちの目標が達成されるものと思っていました。ところが、五〇年たった現在、その動きはいたるところで行き詰まりを見せています。中絶に対する新たな規制が増えてきたのです。国によっては（たとえばポーランド）、中絶を完全に非合法化する試みがなされ、アメリカの一部の州では事実上、父親に拒否権を与える法案が提出されました。

あらゆる家父長制の慣行のなかでもっとも古いもののひとつ――子どもを産むよう女

性に強制する——がここへ来て盛り上がりを見せています。これは、二一世紀のフェミニズムが、より広い問題に直面していることを示すものです。つまり、好戦的な新しい形の家父長制運動が起きているのです。たとえば、現代的な形を取った宗教的原理主義や、男性の権利を主張するグループ（往々にして、人種差別主義や国家主義の組織とつながりがあります。白人至上主義、男性至上主義、イスラム教徒やユダヤ人への憎悪が、いわゆるオルタナ右翼のおもな動機）などです。こうした運動のイデオロギーは以前なら取るに足りないものでしたが、今や影響力どころか、きちんとした政治的な力まで持っています。わかりやすい例がアメリカのトランプ政権でした。この政権は（以前わたしも記事に書いたように）、キリスト教原理主義者が副大統領を務めていました［マイク・ペンスのこと］。とはいえ、こういうことは単なる「第一世界の問題」ではありません。アフリカの宗教的原理主義グループや中東のボコ・ハラム［ナイジェリアのイスラム教スンニ派過激組織］、ＩＳＩＳ［イラクとシリアで活動するスンニ派武装勢力］は、さまざまな反政府運動の過程で古い家父長制の慣行を採り入れ、女性を捕まえてレイプし、奴隷にしてきたのです。女性の身体的な自立は、性と生殖の両方で、古いやりかたによっても新しいやりかたによっても脅かされており、したがってその脅威に抗《あらが》うことこそが、現代フェミニズムの喫緊の課題なのです。

男性による支配は、なにも女性の意思に反して押しつけられるだけではありません。女性自身が従属を受け容れたり、加担したりすることも多かったのです。男性だけでなく女性も指導者を支持し、女性の権利をあからさまに縮小する政府に投票しています。男性だけでなく女性も、伝統的な（すなわち家父長的な）「家族の価値」を擁護する社会活動や宗教活動に参加しているのです。なぜ女性たちは往々にしてみずからの利益に反するような行動を取るのでしょう。これはフェミニストがしばしば問題にしてきたことで、よく挙げられるのはふたつの答えです。

ひとつ目の答えは、男女の関係性です。主人というものは、ときに使用人や奴隷、帝国の臣民、借地人、労働者の愛情を勝ち取ろうとしますが（うまくいくときもあります）、構造的な不平等がもっとも強くあらわれるのは、従属グループのメンバーが、支配グループのメンバーと生涯続く強い絆《きずな》を結んでいるケースです。たとえば、女性は保護や扶養を男性に頼っていない場合でも、夫や兄弟や息子を愛していれば、彼らの利益に沿った行動をするようになります（「家族にとってよいことは、わたしにとってもよいこと」）。そのうえ、現代のような核家族における家父長制では、女性はばらばらになりがちなため、抑圧に対して連帯し効果的に抵抗するのが難しいのです。

ふたつ目の答えは、女性がみずからの従属的な立場を、必然的で正しいものとして受け容れるよう刷り込まれてきたことです。刷り込みの重要な役割を果たすのが家族ですが、ほかにも宗教（世界中のおもな宗教はほぼどれも、女性が男性に従うのが神の掟《おきて》だと教えてきました）や教育、あるいは教育の欠如が挙げられます。ゲルダ・ラーナーが指摘しているように、有史以来ほぼすべての期間、ほとんどの女性は高等教育から排除されてきたため、知識の創造に関わる機会はまずありませんでした。それが近年になって大きく変わったのです。とはいえ、何千年ものあいだ、この世界を理解しようとする際つねに存在していた男性支配の影響を取り除くには、まだ数十年以上はかかるでしょう。現代の卓越した知識である科学は、相変わらず男性に支配されています。近年、男女の違いを科学的に説明しようとする言説が、伝統的な宗教の言説と同じくらい、家父長制の維持に力を貸しています。いっぽうで科学は――それ以前の宗教と同じように――男性支配や男性中心の知識に異議を唱えるための基盤を女性に与えてもくれるのです。

よく言われることですが、家父長制社会の特徴である社会的慣習は、男女どちらも抑圧しています。たしかに、男性は支配的な性かもしれませんが、男らしさの規範によって男性はさまざまなことを要求され、期待されるため（たとえば、感情を抑えて弱みを見せないようにしたり、家族を養うため長時間働いたり、国のために戦争に行ったり）、特権よりもむしろ重荷を感じる人も多いでしょう。男性全体の支配的地位を維持するためにひとりひとりが代償を払っていることは、フェミニストたちも同意するいっぽう、その状況から男性のほうは利益を得るものの、女性は利益を得ないことも指摘しています。だからこそ、かつてスーザン・ソンタグが言っていた「女性が解放されれば男性も解放されるという決まり文句」を、ほとんどのフェミニストは拒絶したのです。家父長制はすべての人を等しく抑圧する、という考えかたに対して、ソンタグはこう反論しています。「男性支配の実態を見逃し、あたかも家父長制はだれも意図せずに成立し、だれにもそぐわず、だれの利益にもなっていない、とでもいうようだ」。男性優位が続いているのは、構造的に不平等なあらゆるシステムが続いているのと同じ理由から、つまりだれかが得をしているからです。フェミニストが望んでいるのは、その仕組みを理解して行動を起こし、変えていくことなのです。

第二章　権利

フェミニズムを定義する主要な参考文献は、どれもこう言っています。フェミニズムとは「女性の権利」に関することである。オックスフォード大辞典の定義では「男女平等にもとづいて女性の権利を擁護すること」となっています。新世界百科事典（The New World Encyclopedia）によれば、フェミニズムとは「さまざまな社会的、文化的、政治的な運動からなり……ジェンダーの不平等解消や、女性の平等な権利獲得を目指すもの」。フェミニストたちの言葉を検索すると、女性の権利に関するさまざまな言及があらわれます。たとえば、「男性には彼らの権利を、そしてそれ以上ではなく。女性には彼女たちの権利を、そしてそれ以下ではなく」（アメリカの女性参政権運動の指導者スーザン・B・アンソニーとエリザベス・キャディ・スタントンが一八六八年に経営を始めた新聞「革命（The Revolution）のモットー」）や「女性の権利は人間の権利」（一九九〇年にシャーロット・バンチが初めて使い、五年後にヒラリー・クリントンの演説で有名になりました）など。とはいえ、フェミニスト全員がこうしたメインストリームの定義を支持するわけではありません。権利を要求することは、リベラルな政治の伝統に沿うものです。ただし、女性への抑圧を終わらせるという最終的な目標を達成するには、社会をもっと根本的に変えなければならない、とフェミニストなら主張するでしょう。この観点からすれば、フェミニズムを「女性の権利」のための運動と定義すると、展望の幅が狭まってしまいます。それでも運動の歴史を通して見れば、理論であれ実践であれ、権利という概念がフェミニズム政治に重要な役割を果たしてきたのはたしかです。

人権運動が始まったのは一八世紀で、当時「人間の権利」という哲学的な概念が取りあげられ、政治的な改革運動が行なわれるようになりました。トーマス・ジェファーソンの有名なアメリカ独立宣言は、一七七六年に書かれています。

> われらは以下の諸事実を自明のものとみなす。すべての人間は生まれながらに平等であり、その創造主によって、生命、自由、および幸福の追求を含む不可侵の権利を与えられている。

ここで宣言している権利は、理論家が「自然権」と呼ぶものであり、生まれつきの徳によって人間に与えられているもののことです（現代の「人権」概念も同じような考えかた）。ただし、ジェファーソンの言う「すべての人間（all men）」とは、「あらゆる人間全員（all human being）」という意味ではありませんでした。独立宣言が権利を主張している「人間（men）」とは、具体的に言えば白人男性のことです。そこに奴隷や北米の先住民は含まれていないし、どんな人種であれ女性は含まれていません。また、フランスの革命家たちが一七八九年に発布した「人間と市民の権利の宣言」にも、女性は含まれていませんでした。ただし、そうした不作為に反対する人がいなかったわけではありません。一七九一年、劇作家のオランプ・ド・グージュはみずから「女性および女性市民の権利宣言」を発表しています（そのこともあって二年後、ギロチンにかけられました）。そして同じころイギリスでは、フランスの出来事を鋭く観察していたメアリ・ウルストンクラフトが『女性の権利の擁護』という本を出版しました。

この本でウルストンクラフトは、「人間の権利」から女性を除外する合理的な根拠はない、と主張しています。当時の思想家にとって、自然権の源である「人間」の資質とは、論理的に考える能力でした。ウルストンクラフトが言うように、その論理性があってこそ「人間は獣より上位にある」のです。「人間」という言葉は「あらゆる人間」を指す、とウルストンクラフトは言っています。そして、女性は男性のように論理的思考ができない、という言説が、女性に権利を与えないことを正当化するために使われていると非難したのです。たしかに、男性と同じ程度まで論理的な能力を養ってこなかった女性は多いものの、ウルストンクラフトによれば、それは生まれつきではなく生育環境の問題であり、女性がじゅうぶんな教育を受けられなかった結果なのです。「美しさこそが女性の最強の武器であると幼少期から教えられてきた」ために、「その精神に沿って身体が作られ、金ぴかの檻《おり》のなかを歩き回って、檻を飾りたてることしか考えなくなる」のだと彼女は言っています。それでもなお、女性は男性と同じように理性的な生き物であり、だから女性にも生まれながらに自然権が与えられているのです。

『女性の権利の擁護』は政治的な声明というよりは、哲学的な論文に近いものでした。けれども一九世紀の後半になると、現在のわたしたちが「第一波」と呼ぶフェミニストたちは、女性の権利のための議論にもとづいて歩みを進め、法的権利や市民権を求めて運動を組織していきました。彼女たちが要求した権利とは、教育を受ける権利、生活費を稼ぐ権利、それまで閉ざされていた職業に就く権利、財産を所有する権利（結婚によって夫に譲渡することはない）、離婚する権利、男性とともに政治的な意思決定の場に参加する権利などです。こうした活動の積み重ねにより、フェミニズムとは女性の権利のための運動だと広く理解されるようになっていきました。そして「女性の権利」は「平等な権利」であるという考えかたも理解されるようになりました。なぜなら、初期の運動が目標としていたのは、男性がすでに持っている権利を女性も手にすることだったからです。

今日では世界のいたるところで、こうしたリベラルで平等な権利を求めるものとしてのフェミニズムがもはや常識になっています。女性と男性が法のもとで平等であるべきなのは自明だし、教育、仕事、政治などの分野で同等の権利と機会が与えられるべきなのも当然に思えます。つい忘れがちですが、これが当たり前になったのは最近のことです。一九六〇年代にわたしがイギリスで子ども時代を過ごしたころ、周囲の女性たちは、今なら基本的権利とみなされるものさえなしに育ってきました。祖母が成人した一九二〇年代、三〇歳未満の女性はまだ投票を許されていませんでした。母が結婚した一九五〇年代、夫の許可なしにローンを申し込むことはできませんでした。わたしが学校を卒業した一九七六年は、ようやく職場での性差別が違法になったばかりでした（わたしが最初のころ勤めた会社の雇用主たちは、あきらかにそのことを知りませんでした）。わたし自身が生きてきたあいだに、この国の女性をめぐる状況が大きく変わった事実を考えると、権利のための運動がどれほど多くのことを成し遂げてきたかがよくわかります。同時に、まだ多くのことが変わっていない現状を考えると、権利を求めるやりかたには限界があるのもたしかです。

フェミニストのなかには、「改良派」が目標とする平等な権利を拒否してきた人たちもいます。なぜなら改良派の目標は、社会そのものは根本的に変えずに女性の地位向上を目指すことだからです。アメリカのアナーキストでフェミニストのエマ・ゴールドマンは、女性参政権のための運動を支持しようとしませんでした。彼女はこう言っています。「もともと不公平なシステムのなかで少しでも恩恵を得ようとするより、活動家はむしろ革命の声を上げるべきだ」。アメリカで参政権が実現してからおよそ五〇年後の一九六九年、ラディカル・フェミニストたちは抗議行動を起こし、象徴として投票権を返上しました。これまで投票してきても、女性が抑圧から解放されることはなかったからです。

しかし、ラディカルでないと批判されながらも、権利の要求はすべきだと反論するフェミニストもいました。法哲学者のニコラ・レイシーによれば、この点についてもっと も強力な論争を仕掛けていたのは、黒人フェミニストや先住民のフェミニスト、あるいはグローバルサウス［おもに南半球に位置する発展途上国を指す］に住むフェミニストです。彼女たちにとって、権利を求めるフェミニストを批判することは、どちらかと言えば特権的な人たち——基本的権利がすでに確立されている西側の自由民主主義国の白人女性——の視点に重なるように見えるのです。レイシーはこう記しています。「強い抑圧を受けている人にとって、権利の言葉は今なお希望と理想をあらわしている。だから、そこから離れることができるのは、政治的な闘いにまず勝利してからなのだ」。その闘いがまだ続いている場所（たとえばサウジアラビアでは最近、女性も運転免許証を持てるようになったものの、結婚や旅行、署名の必要な契約には男性保護者の許可が必要）では、権利のために活動することは無意味ではありません。もちろん、実際に女性が平等な市民になるためには、ほかのこと（とくに文化的な規範や言動）を変える必要があると彼女たちもよく知っています。けれども、建前上でも法律上でも、権利を確立することは今なお重要な目的なのです。

世界中で何十年にもわたって、平等な権利を実現するためにさまざまな活動や構想や法案があらわれたものの、実際のところ平等は達成されていないし、それはほぼだれもが認めるでしょう。女性の立場が改善している証拠はあっても、その進展は痛々しいほど遅いように思えます。たとえば、よく俎上に載せられる男女の賃金格差は、以前よりは小さくなっていますが、二〇一五年の世界経済フォーラムでは、二一三三年までは解消しないと予測されています。男女同一賃金のような目標は、理屈のうえでは広く支持されているのに、実際にはこんなにも達成が難しいのはなぜなのでしょう。

フェミニストたちが突きとめた問題のひとつは、待遇の平等という原則にもとづいて法律ができていることです。つまり、「平等に」扱われるためには、女性が男性と同じであることを暗に要求しているのです。たとえば、同一賃金法は通常、同じ仕事をしても男性より賃金が低いと訴えた場合、女性を救済してくれます。しかし、多くの職場に広まっている男女差別は救済してくれません。女性の賃金が低い原因はまさに、男性と同じ仕事をしていないからなのです。彼女たちは伝統的に女性の職業とされる仕事をしているか、あるいは男性もいる職場のなかで、女性が圧倒的に多い部署で仕事をしています。皮肉なことに、過小評価される仕事のせいできわめて不利な状況に置かれている女性たちこそが、むしろ同一賃金法の恩恵に浴しにくいのです。

平等がなかなか進展しないもうひとつの問題は、議会に女性の数が少ないことです。国連では、国会における女性議員数の目標を三割としていますが、二〇一一年にその数を満たしていたのは三〇カ国に届きませんでした。国によっては、クォータ制を採り入れることで、一定数の女性が確実に選出されるようにしています。このやりかたは、男女の候補者が公平でない条件で競争することをあえて認めるものです。なぜなら、男性に有利な暗黙のバイアスによって、女性はもともと不利な立場にあるからです。クォータ制のような方法を採るのは、そうしたバイアスを是正するためです。しかし、クォータ制自体にバイアスがあるという理由で、抵抗を生むことも少なくありません。男性と女性を対等に扱わないため、平等な権利という基本原則に反しているからです。

　すべての人が同等に扱われるべきだという考えにもとづくと、とりわけ女性にとって重要な権利が認められにくくなってしまいます。というのも、そうした権利は生殖に関するものだからです。アメリカでもイギリスでも、妊婦に対する不公平な扱いは当初、あきらかな性差別とは考えられていませんでした（現在では、どちらの国でも性差別とみなされています）。妊婦の問題は女性全般の問題ではなく、子どもを持つことを選択した人たちだけの問題だと雇用主は主張できたし、現にそうしていました。その影響を受けた女性は、同じ立場の男性より不利な扱いを受けていると言いたくても、同じ立場の男性などいないので言えなかったのです。

　生殖に関するもうひとつの権利は、妊娠を合法的に終わらせる権利です。中絶に関して長く続いている争いには、平等な権利をめぐって、また別の問題がつきまといます。つまり、女性の権利がほかの権利と矛盾している、あるいは矛盾しているように見える場合はどうなるのか、ということです。中絶を禁止する地域での言い分はたいてい、中絶を許可すれば胎児の生存権を侵害する、というものです。中絶は母親自身の生命が危機にあれば認められることもありますが、胎児の権利より優先されるのは、あくまで生きる権利だけであって、身体のことを自分で決める権利ではないのです。そして、父親に与えられない権利を母親が持つべきではない、という議論もときおり利用されます。第一章で言及したような法律では、母親に中絶させない権利を父親に与えています。これは「性別によらない平等な扱い」ということになりますが、間違った平等性（フェミニストならそう主張するでしょう）にもとづいています。なぜなら、受胎するには男女ふたりが必要ですが、子を宿し出産するのは女性だけなのですから。このような法律では、子どもに対する父親の権利のほうが、みずからの身体に対する母親の権利よりも重要視されています。

権利の対立が問題となりうるのは中絶だけではありません。女性の権利はプライバシーの権利、家庭生活の権利、文化や信仰の表現といった一般的な権利とも衝突しかねないのです。衝突が起きる原因は、権利の枠組みというものが本来、男性が政府とどう関わるかを決めたり、政治や商業など公的な場で互いを規制したりするために作られたからです。規制は私的な領域にまでは入り込んでいないため、男性が家庭内のメンバーとどう関わるかまでは決められていませんでした。だから女性、子ども、使用人、奴隷はもとの「社会契約」下に置かれ、みずからの権利を持つことはできなかったのです。むしろ、男性にとって生活の私的な部分は、外部から干渉されない場所と見られていました。

このような考えかたを今なお残しているのが、「人権」の新しい時代を開いた言葉、つまり一九四八年に国連総会で採択された世界人権宣言（ＵＤＨＲ）です。一八世紀に作られたものとは違い、こちらの人権宣言はその前文で「男女の同権」をはっきり認めています。ただし、第一六条では「家族は社会の自然かつ基本的な集団単位であり、社会と国家による保護を受ける権利を有する」とも述べており、ここにはある認識が欠けています。つまり、家族は全員が同質の集団なわけではないし、構成員の利益もつねに一致しているとはかぎらないということです。フェミニストが何十年も指摘してきたことですが、強制労働から家庭内暴力、性暴力にいたるまで、女性たちが被《こうむ》ってきた虐待のかなり多くが、家族内で起きています。したがって、家族を保護する国家の義務と、

「男女の同権」を保証する義務とのあいだには、目に見えない矛盾があるのです。

　この矛盾は、国連が一九七九年に採択したＣＥＤＡＷ（女子に対するあらゆる形態の差別の撤廃に関する条約）をめぐる多くの国の対応にもよくあらわれています。この条約では、女性の権利の問題に対処するため、協調的な取り組みが行なわれました。条約としての権限を持たないＵＤＨＲ（世界人権宣言）とは異なり、国連条約はそれを批准する加盟国に具体的な義務を課しています。ただ、加盟国はすべての国連条約を署名する義務はなく（たとえば、アメリカはＣＥＤＡＷを批准していません）、条約に批准しても、課されたくない義務を挙げ、それだけは留保することもできるのです。ＣＥＤＡＷの場合、留保に選ばれる条項が多数に上り、その多くが家庭における女性の地位をめぐる規定に関するものでした。国によっては、既婚女性が自分の居住地や自分の姓を選ぶ権利を受け容れなかったし、多くの国が、子どもに国籍を引き継がせることができるのは父親だけだと主張しました。マルタが死守しようとしたのは、既婚女性の収入を税務上、夫の収入として扱い、国からの給付金の女性分を「世帯主」である夫に支払う権利です。イギリス（レソトも同様）は長男が王冠を継げるようにしたいと考えていました。イスラム諸国の多く（バーレーン、エジプト、サウジアラビア、マレーシア、モルディブ、モーリタニア、モロッコなど）はイスラム法と対立するような条項にはいっさい縛られないと明言しました。なかでも多くの国がとくに懸念を表明したのが、結婚と離婚に関する条項でした。なぜなら、（モロッコの留保の弁明によれば）「平等性……はイスラム教の法制度シャリーアと両立しないと思われる。シャリーアは均衡と相補性の枠内で、配偶者のそれぞれに権利と責任を保証するものだからだ」。

留保する国が多いことから見ても、女性の権利のための国際的な枠組みを作る難しさがよくわかります。法理論家のキャサリン・マッキノンが指摘したように、ジェンダーの不平等は世界中で見られますが、それに対処しようとすると、ふたつの点で挫折しがちなのです。不平等や抑圧の形が独特の文化にもとづいている場合、その当事国は「よその」文化規範の押しつけに反対することができます。そのため、きわめて多くの国が「女子に対するあらゆる形態の差別の撤廃」を目的とする条約を批准しながらも、結婚、離婚、相続、国籍といった重要な問題については差別を続けていられるのです。いっぽう、ジェンダー不平等や抑圧の形が文化的に広く行き渡っている場合、これは「自然なこと」なのだから、国家としてできることはなにもない、という言い訳を許すことになりかねません。

だから、「女性の権利は人間の権利」というスローガンは、その見た目に反して、トートロジー（「女性は人間である。したがって女性の権利は人間の権利である」）ではないのです。このスローガンが意図していたのは、国際的人権団体が女性の権利をきちんと取りあげず、とりわけ権利の侵害を深刻に受け止めなかったのを非難することでした。一九九〇年、このスローガンを紹介したことで知られるアメリカのフェミニスト、シャーロット・バンチ（しかしバンチ自身によれば、初めてこの言葉を聞いたのは、フィリピンの女性活動家からでした）は、先ほど述べたふたつの態度（「それは文化の問題だ」と「それは自然なことだ」）が正当化している内容を、わかりやすく要約してみせました。「世界のいたるところで、女性が日常的に拷問や飢餓、テロ、屈辱、性器切除を経験し、殺害までされているのは、ひとえに女性だからである」。もしこんな蛮行がなんらかのグループを狙ったものなら、あきらかな人権侵害とみなされるはずです。それなのに、女性の場合そうは見られないのです。

一九九一年、活動家たちは運動を開始し、一九九三年にウィーンで開かれる次の国連世界人権会議で「女性への暴力は人権侵害である」と認めるよう請願を提出することにしました。請願書が会議に提出されるまでに、五〇万人が署名し、一二四カ国の一〇〇〇に上る組織がスポンサーになっています。その年の後半、国連は「女性に対する暴力の撤廃に関する宣言」を正式に採択し、この問題を議題に上げ続けてきました。一九九八年、ジェンダーによる迫害や性暴力への言及が、国際刑事裁判所ローマ規定に盛り込まれました。二〇〇〇年、国連は武力紛争時の女性への暴力に関する決議を採択（遅ればせながら、と言われてもしかたがないでしょう。なぜなら、一九九〇年代には旧ユーゴスラビアやルワンダ、コンゴ民主共和国などで紛争が起き、集団レイプがすでに戦争や大量虐殺の武器として使われ、世界的に注目を集めていたのですから）。

いっぽう、一九九五年に北京で開催された第四回国連世界女性会議（このとき、ヒラリー・クリントンが「女性の権利は人間の権利」という言葉を使用）では、「北京行動綱領」とそれに関連する「ジェンダーの主流化」という考えかたが生まれました。現在、国連では女性の権利を別枠として扱うのではなく、あらゆる活動にジェンダーの視点を採り入れるようになっています。どんな政策やプログラムを採用するときも、それが女性にどういう影響を与えるかが問われるのです。女性の立場がよい影響を受けるのか、悪い影響を受けるのか、まったく影響を受けないのか。そして政策が実行されたあとにも、同じやりかたで政策の監視と評価が行なわれます。その目的はジェンダー平等を推進するためであり、逆に言えば不平等が続かないようにするためです。二〇一〇年、国連は「ジェンダー平等と女性のエンパワーメントのための国連機関」（一般的には「国連女性機関」として知られています）を設立し、国連の政策立案者と、国際基準の実現を目指す加盟国の取り組みとを支援することになりました。

わたしが国連のことを取りあげたのは、その政策や基準の影響力がきわめて広範囲で、加盟国の政府だけでなく、世界中の非政府組織（NGO）にも及んでいるからです。先ほど述べたように、一九九〇年以降、女性の権利向上に向けた取り組みは、とりわけ女性に対する暴力反対の優先順位を上げた点で大きな進展がありました。しかし、女性の権利をどう定義し理解するかは、とくにグローバルでしかもインターセクショナルで包括的であることを目指す運動にとって、なおも複雑で難しい問題です。

この章でわたしが言及や引用をした文章ではたいてい、「女性」を均質なカテゴリーとして扱い、単純に「男性」と較べた定義をしています。けれども実際には、当然ながら「女性」は均質ではありません。置かれた状況もニーズも、条件によって変わってきます。条件とは、年齢、階級、人種、民族、セクシュアリティ、信仰の有無、配偶者の有無、子どもの有無、居住地が田舎か都会か、南半球か北半球か、などです。女性の権利が、男性や子どもの権利と対立する場合があり得るのと同じように、女性同士でもグループが違えば対立する可能性があります。わかりやすい例として現在、女性たちが、そしてフェミニストたちが分断されているふたつの問題について少し考えてみましょう。

ひとつ目は商業的代理出産の問題です。これは個人あるいはカップルがひとりの女性に委託して金銭を支払い、自分たちのために子どもを妊娠、出産してもらう取り決めのことです（「代理母」に移植される胚《はい》は、将来の両親あるいはドナーの遺伝物質で作られます）。代理出産は、国境を越えて商取引が行なわれるようになりました。理由のひとつはコストです（ほかの業界で「海外への外注《オフショアリング》」が行なわれるのと同じ理屈）。もうひとつの理由は、イギリスをはじめとするヨーロッパの多くの国で、商業的代理出産が禁止されたことです。ただし、ヨーロッパのクライアントなら、ヨーロッパ以外の国にあるクリニックと交渉することができます。クリニックは代理母になってくれる女性を募り、必要な医療処置を監督し、場合によっては宿泊施設を運営して、妊娠中の代理母を経過観察します。

こうした取引は、代理母とクライアントのどちらの権利についても議論を引き起こしました。おおかたのフェミニストは、個人の生殖の選択を支持しており、そこには子どもを持つ権利も持たない権利も含まれます。しかし、商業的代理出産には反対するフェミニストもいて、子どもを持つために別の女性を搾取する権利はないと主張しています。もし代理母がグローバルサウスの貧しいコミュニティに住む女性なら、この取引はどうしても搾取的になり、女性をリスクにさらしてしまうからです（たとえば、お金に困っている家族から代理出産を強要されたり、長期的な影響をきちんと知らされないまま処置を受けさせられたり）。ところが、ほかのフェミニストたちから見れば、こうした議論は女性の主体性や選択を否定するものです。つまり、女性には身体の自己決定権があるべきだと言うなら、南アジアや東南アジアの貧しい女性が、代理母として自分の身体を提供して金銭を得る権利もあるべきだ、ということです（性的サービスで対価を得る場合にも同じような議論が生じるのですが、この件は第五章で取りあげます）。こういう見かたをするフェミニストにとっては、クライアントの権利と代理母の権利とのあいだに矛盾はないため、代理出産を非合法化すれば両方の権利を不当に制限してしまうことになるのです。

それにしても、商業的代理出産によって起きる問題は、ほんとうに権利に関するものなのかどうか、考えてみてもよいはずです。わたしたちは「主体性」や「選択」はもちろん、「権利」という言葉を、あたかもそれ自体で機能するかのごとく頻繁に使いますが、実際のところ、わたしたちが行なうことは、与えられた状況次第で可能になったり制約されたりします。たとえば代理出産の場合、新しい生殖技術ができるまで、だれにもこの選択肢はありませんでした。女性個人がどんな選択をするかは、極端な経済的不平等によっても決まり、だからこそこうしたビジネスモデルが成りたつのです（海外のクライアントにとっては手頃な料金ですみ、地元の代理母にとっては経済的に潤い、クリニックにとっては利益となります）。もしグジャラート州［インド北西部］のような田舎に住む女性に、もっと収入を得る機会があったなら、はたして裕福な外国人のために代理出産する人がどれだけいるでしょう。一九世紀のイギリスでは、何百万人もの女性がお手伝いさんになることを「選んだ」と言えるかもしれませんが、第一次世界大戦中やそのあとにほかの選択肢ができると、住み込みの使用人はたちまち数が減っていきました。

フェミニスト同士が分断されるもうひとつの要因は、マイノリティ女性の文化や宗教にまつわる権利の問題です。ヨーロッパでは、宗教的シンボルを公共の場で身に着けることをめぐって、論争が起きました。とりわけ、ムスリムの一部の女性が着用するニカブというベールは現在、フランスやベルギーなどでは禁止されています。また、夫婦間や家族間で争いが起きた場合、宗教裁判所がどんな役割を果たすかについて、あるいは信仰を教える学校で少年と少女を差別的に扱うことについても、議論が続いてきました。このような問題が議論されるようになったのも、ムスリムに対する差別意識の高まりがあったからです。左派やリベラルと同様、多くのフェミニストから見れば、ニカブの禁止といった措置は人種主義に根ざした一種の差別です。この措置がムスリム女性の権利を気遣うフェミニストに後押しされたものだと主張する当局に、フェミニストたちは激怒しました。そのような言い分は人をバカにしているだけでなく、ムスリム女性を西側のリベラルに「救われる」べき無力な犠牲者として扱っているからです。それに対してムスリム女性の多くは、あたかも自分たちがなにも選択してこなかったような思い込みに反論しました。また、ムスリム女性にとってなにが抑圧的かを、ムスリムでないフェミニスト同士で議論し、ムスリム女性自身の言葉に耳を傾けないことにも疑問を呈しました。

もちろん、ムスリム女性の話を聞くことは重要です。とはいえ、「〇〇グループの女性の話を聞こう」と呼びかけたとしても、それで政治的な議論が解決することはめったにありません。なぜなら、そのグループの女性に話を聞いても、全員が同じことを言うわけではないからです。ひとつのアイデンティティを共有しているからといって、その女性たちが政治的にも同じ考えだとはかぎりません。ムスリムのフェミニストでも、信仰上の権利を守ろうと活動する人もいれば、反対の立場に立つ人もいるのです。

アルジェリア人の社会学者で、フランス在住のフェミニスト、マリエメ・エリ・ルーカスは、学校でのスカーフ着用をフランスが禁止したことを擁護し、子どもたちが有害な慣習を両親から押しつけられないよう、国家は責任を持つべきだと主張しています。ルーカスによれば、リベラルや左派は、少数民族の少女たちが置かれた状況について、あえて責任放棄してきたというのです。たとえば以前、左翼の一部がFGM（女性器切除）のような慣習を「文化的な権利」として擁護し、根絶に向けたヨーロッパの取り組みを「西洋帝国主義」だと非難しました。ルーカスから見れば、このような「西洋帝国主義」への非難は、西洋以外のフェミニストの活動や著作に目を向けない、ヨーロッパ中心主義の無知をあらわすものです。FGM根絶を目指す草の根運動は、何十年も前からアフリカにも存在しているし、一九世紀以来、ムスリムのフェミニストたちはこう主張してきました。コーランは謙虚さを（男女どちらにも）求めているが、スカーフ自体は文化的な強制である、と（もちろん、アフリカや中東のフェミニストすべてがこれに同意するわけではありません。フェミニストのあいだでも、意見の違いはいたるところで見られます）。

ムスリムのフェミニストでイギリス在住のヤスミン・レーマンは、女性がみずからスカーフを身に着けることはあると認めながらも、それがつねに主体的な選択だとはかぎらないと言っています。ニカブが世間で論争になるずっと前、イギリスで暮らす南アジアの女性たちは、サルワール・カミーズ（ゆったりとしたチュニックとズボン）のような民族衣装の着用を強制されることに抵抗していました。そしてもっと一般的には、「控えめな」服装をすべしというコミュニティの規範（ムスリム以外のコミュニティにもあります）が、女性を管理する手段として使われていることにも非難の声を上げていました。現状では、マイノリティの文化的慣習を批判すると、どうしても人種差別を煽《あお》ってしまうとレーマンは認めています。それでもレーマンによれば、コミュニティの内部から女性差別的な規範に挑むマイノリティ女性たちをフェミニストは支援すべきだし、それはマジョリティのコミュニティ内で性差別と闘っている女性たちを支援するのと同じことなのです。

サウスオール・ブラック・シスターズ（SBS）というイギリスのフェミニストグループは長年、黒人と南アジア女性の権利のために活動してきました。このところ彼女たちが懸念を募らせているのは、結婚、離婚、子どもの親権、相続、家庭内暴力をめぐる諍《いさか》いの仲裁役を、宗教裁判所が公的に担うようになったことです。二〇一六年、SBSの「ひとつの法律をすべての人に」というキャンペーンを支持する声明に、三〇〇人の女性が署名しました。

わたしたちは個人的な経験から知っているが、シャリーア評議会など多くの宗教団体は、強硬派や原理主義の聖職者が権限を握っている。彼らは、女性が身体と心をみずからコントロールすべきだという考え自体を許していない。このような聖職者は……宗教や文化の抑圧的な部分を拒否するわたしたちに恥をかかせ、中傷することで権力を乱用している。わたしたちは家庭内暴力やレイプや一夫多妻制や児童虐待を受け容れないために、大きな代償を払っている。

ＳＢＳはこのキャンペーンを、マイノリティ女性が平等な市民権を得るための手段と位置づけています。問題は、宗教裁判所が男女を平等に扱わないことだけでなく、こうした裁判所が一般的な裁判所と同じように容認されると、マイノリティ女性とほかの女性たちのあいだに不平等が生まれてしまうことにあります。そうなると、イギリス国民としての立場よりも、マイノリティ・コミュニティの一員としての立場が優先されるため、不透明でしかも民主的に運用されない（議会なら国の法律を変えられますが、神の律法は変えられません）司法制度によって、彼女たちの権利が裁かれてしまいます。

ただし、それに反対するフェミニストもいます。「ひとつの法律をすべての人に」と主張すると、一部のマイノリティ女性には、ほかの市民と同じ司法が通用しなくなってしまうからです。ある信仰を持っている女性が必要とすること（たとえば、再婚のための宗教的な離婚の承認）は、一般的な裁判所から認定を得ることはできません。またしても大事な問題になるのは、同じであることと異なることとのバランスです。はたして、平等であるためには全員を同じように扱わなければならないのでしょうか。それとも、ある種の平等性は、全員を同じように扱わないことによってのみ達成できるのでしょうか。

「権利」と「平等」はよく知られたおおもとの概念ですが、いつもそれほど単純だとはかぎりません。そして、「権利」は過去も現在もフェミニズムにおいてはたしかに重要な位置を占めているものの、全体像のなかではほんの一部にすぎません。社会、文化、経済などほかの分野で変化がなければ、紙のうえで女性に与えられている権利など、実際に生活を改善するためにはほとんど役に立たないかもしれないのです。

第三章　仕事

フェミニズムの視点から仕事について考えていくこの章で、どんな問題を取りあげると読者は想像されるでしょうか。おそらく賃金格差や、特定の業界に見られる女性への過小評価、「ガラスの天井」、よく言われる「ワークライフバランス」などではないでしょうか。これらはすべて、「女性の問題」を扱うメディア報道で頻繁に取りあげられる課題です。そうした問題に注目が集まるのは、女性を職場に送り込み高い地位の職務に就かせることが、フェミニズムの最大の、とまでは言わないまでも、大きな目標のひとつ、という見かたのあらわれであり、同時にその見かたを補強するものでもあります。そのような考えかたは、保守派からすれば、家庭における昔ながらの女性の役割が、フェミニズムによって軽視されることにつながり、急進派からすれば、エリートの専門職女性が抱く「先進国のぜいたくな悩み」ということになるでしょう。しかしどちらの批判も、攻撃の対象は「ストローフェミニズム［フェミニストのふりをしてわざと扇動的な発言をすることで藁人形《わらにんぎょう》を仕立てあげ、フェミニズム全体の信用を傷つけようとするアンチフェミニズム」」だと言ってよいでしょう。実のところ、仕事に対するフェミニストの考えかたは、よく取りあげられるステレオタイプの情報よりも、多様で複雑なのです。

女性と仕事に関する議論で、「仕事」と言えばたいてい有給の仕事——賃金や手数料や給与の形で金銭と交換される労働——を指しています。たしかに、日常でもわたしたちはそういうふうに話します。たとえば出産したばかりの母親に、「仕事に戻る」つもりがあるかどうかを尋ねたりします。まるで、赤ん坊の世話をするのは「仕事」ではないかのように。フェミニストの考えかたを特徴づけるもののひとつは、家族の世話も仕事であるという認識です。違うのは世話をしても賃金を得られないこと。そしてそれこそがフェミニズムの問題なのです。なぜなら、無償のケア労働はほとんど女性が担っているからです。その事実が、男女の賃金格差を説明する際、常識としてよく引き合いに出されます（「女性が男性より稼ぎが少ないのは、家族の世話をする責任があるから」）。けれども、フェミニストにとっては、それだけで女性の「家族への責任」が当然のこととして扱われるのは納得できません。なぜ女性だけが仕事と家族の世話を両立するよう求められるのか、そして、なぜそれが社会全体の問題ではなく、ひとりひとりの女性が解決すべき問題とみなされるのかを説明しなければなりません。

「女性と仕事」に関する議論のもうひとつの問題は、議論の多くが、ごく少数の特権的女性の悩みとして軽視されがちだということです。世界中の多くの女性にとって、キャリアの選択やガラスの天井などはぜいたくな悩みです。彼女たちが働くのは、家賃を払い、食卓に食べ物を並べるためなのですから。それはエリート専門職の女性が、そうでない女性とは立場が違う、という意味だけではありません。エリート女性が地位ある職務に就いていられるのは、実際のところ、家事代行業者や子守りやベビーシッターとして働く女性がいるからかもしれないのです。こうした仕事を担うのは、圧倒的に労働階級の女性や有色人種の女性であり、また貧しい国々からの移民女性も増えてきています。彼女たちが置かれた状況（雇用主の家で働き、ときには住み込む）も、搾取や虐待にさらされやすい原因のひとつです。これまで慈善団体は、奴隷に近い労働条件の事例をいくつも報告してきました。外出を禁じられたり、無給で働かされたり、パスポートを取りあげられたり、身体的あるいは性的な暴力を受けたりするケースもありました。

フェミニズムは一部の女性だけでなく、すべての女性の状況を考慮しなければなりません。だから、女性たちのあいだに存在する違いや不平等、そして女性同士で起きる搾取にも対処する必要があります。ただし、「はじめに」で述べたように、フェミニズムの核となる信念のひとつは、女性が女性ゆえに抑圧されているということです。だから、彼女たちが男でなく女であるという事実が、女性同士の関係（不平等や搾取の関係を含む）にどう影響を与えているかも、フェミニストは問わなければならないのです。

たとえば、貧しい女性の家事労働を搾取することが、なぜ裕福な女性だけの責任とみなされがちなのでしょう。フェミニストから見れば、この商取引には背後にもういっぽうの当事者がいます。つまり、世帯主の男性です。搾取がこのような形をとるのは、家事や子どもたちの世話をするのは妻の責任だという考えがあるからです。だから、もし妻が自分でやらないのなら、代わりの人を見つけてこなければなりません。実のところは、家事労働を依頼することで、夫のほうも妻と同じくらい恩恵を受けているのです（家事をしてくれる他者がいなければ、夫は家事を分担するか、家事が行き届いていなくても我慢するしかないからです）。しかし、夫のほうは搾取しているとは見られません。なぜなら、だれかに賃金を支払ってしてもらう家事は「夫の」仕事ではないからです。

もしかしたら、こんな意見があるかもしれません。裕福な家庭の妻が働きに出るのは、必要だからではなく、そうしたいからだろう。妻はみずから選んでいるのであって、ほとんどの女性にはそんな選択肢はない。外で働かない自由をうらやむ女性はたくさんいる、と。しかし、その考えはもうひとつの大事なポイントを見逃しています。専業主婦は――社会階級にかかわらず――経済的には夫に依存しており、依存は不平等の形を取るため、夫婦の関係において妻が不利になるだけでなく（たとえば、収入がなければ暴力を振るわれても逃げるのが難しくなります）、女性全体がますます経済的不利益を被《こうむ》るようにもなってしまいます。女性は「稼ぎ手」である男性の収入に頼ればいい、という考えかたが、すべての女性の賃金を安く抑える言い訳として長いあいだ使われてきました。そのため、実際には女性の収入に頼っている多くの家庭が、ますます貧困へと追いやられてしまうのです。だからこそ、一九世紀以来フェミニストたちは、有給の仕事を得られるよう政府に要求することが大事だと考えてきました。そしてそれが大事なのは、なにも西洋の恵まれた女性にとってだけではありません。

一九九〇年、経済学者のアマルティア・センは「一億人以上の女性の生命が喪《うしな》われている」と題した論文を書いています。この主張のもとになったのは、ある人口統計の分析です。北アフリカやおおかたのアジア諸国では、男性の数が女性よりはるかに多かったのです。一九八〇年代の中国では、人口比率が男性一〇〇人に対して女性は九四人でした。インドのパンジャブ州では、男性一〇〇人に対して女性は八六人。この数字は、予想されるパターンと正反対のため衝撃的です。ふつう、男児の出生数は女児より多い（通常の比率は一〇五対一〇〇）のですが、乳児死亡率は男児のほうが高く、高齢者では女性のほうが平均余命は長いため、標準的な状況――ほかの条件が男女同等――であれば、人口全体としては女性のほうがわずかに多くなります。しかし、ほかの条件が同等でない場合は例外が生じます。つまり、女性が男性と平等に評価されたり扱われたりしないと、女性の死亡率は不釣り合いに高くなるのです。女性はじゅうぶんな食事を与えられなかったり、必要な医療を受けられなかったりして死亡します。女の乳児はわざと放っておかれたり殺されたりする場合もあります。そして今日では、生まれてこられない女の子も多いのです。生まれるのが女児だとわかると、家族は中絶を選ぶからです。

センによれば、女性が男性より少なくなるのは、単にその地域の経済力が乏しいからというだけの問題ではありません。というのも、サハラ以南のアフリカの大部分は、世界でもっとも貧しい国々ですが、男性の数は女性より少ないし、インドでも比較的裕福なパンジャブ州のほうが、はるかに貧しいケララ州より男女比率の不均衡は大きいというのです。ほんとうの問題は、家庭内で資源がどう分配されるかだとセンは言っています。そして、これは女性の仕事の問題と関係しています。とりわけ、女性が生産的な仕事に就いて、目に見える形で家計に貢献できるかどうかにかかっているのです。センの分析によれば、女性が評価され、よりよい扱いを受けるようになるのは、「有給の職に就いて」家庭の外で収入を得られたときなのです。

とはいえ、センの言うように「有給の職に就いて」いない女性も働いてはいます。彼女たちは毎日、何時間もかけて料理や掃除、洗濯、衣服の修繕、子どもや老人や病人の世話などをしているのです。そのうえ、センが挙げているような地域では、水汲《く》みや薪集めといった時間のかかる作業もあります。けれども、そういう仕事はセンが言うように「無報酬でだれにも顧みられない」のです。ほんとうは経済的に貢献しているのに、そうは認識されません。なぜなら、成果がほとんど形にならないからです（理論家の多くは、家事を生産的な労働というより「再生産的な」労働と位置づけています。つまり、家事をする人がいるからこそ、家族のほかのメンバーは食事の準備などの作業から解放され、生産的な仕事に打ち込めるのであって、さもなければ自分でしなければなりません）。これは北アフリカやパンジャブ州の女性に限った問題ではありません。再生産的な労働はどの社会でもしなければならず、だからどの社会の女性にも影響があるのです。

二〇一四年の経済協力開発機構（OECD）の報告によれば、「世界中で女性は男性の二倍から一〇倍の時間をケアワークに費やしている」のです。この数字からもわかるように、地域や国によって結果は違います（社会階級によっても違いがあり、通常、貧しい家庭ほどその差が大きくなります）。男女格差がとくに大きいインドでは、女性が無償のケアワークに費やす時間は一日に平均六時間で、男性はわずか三六分。とはいえ、格差がずっと小さい場合でも、女性は男性のおよそ二倍の無償労働を行なっています（たとえば北アメリカでは、女性が一日平均四時間弱なのに対して、男性は平均二時間強）。家事の分担がこんなにも不平等なせいで、有給の労働市場における女性の地位にも影響が及ぶのです。家事に大きな時間を取られる地域では、女性は有給の仕事に就くことがまったくできません。それより少しましな地域でも、パートタイムや一時雇用や安い給料の仕事に限定されがちです。また、家事をしなければならないために、教育や訓練を受けて雇用の見込みや職業技術を上げることもままなりません。

発展途上国にとってこれは深刻な問題だとOECDは捉えています。なぜなら、経済成長を促すうえで、女性の労働力をじゅうぶん活用できないからです。報告書では、政府がこの問題に対して採りうるさまざまな対策を示しています。たとえば、インフラに投資して家事にかかる時間を削減したり（ガーナでもっと多くの家庭に電気が普及すれば、時間をかけて薪を集めなければならない女性が減ります）、保育園や高齢者向けデイケアセンターなどの公共サービスを拡大したり（報告書で取りあげているケニアのケースでは、建設現場で働く女性のために、移動式の託児所が用意されています）。あるいは、「家族にやさしい」政策（フレックスタイム制や育児休暇など）を導入したり、「凝り固まった社会規範やジェンダーのステレオタイプ」と闘うべく、「ケアの仕事を脱女性化」して男性にもっと取り組むよう促したり。

注目に値するのは、これら提案事項のうち、男女の不平等に直接触れているのが最後のひとつだけだということです。そのほかは、男性に仕事をひとつも委譲せずに、女性の負担を減らそうとするものばかりです。無償労働をどう分け合うかは、OECD独自の統計によってもその難しさが示されています。豊かな国、とりわけ西ヨーロッパの福祉国家では、時間を節約するためのテクノロジーや保育施設やフレックスタイム制を、家族がすでに利用できていますが、それでもなお無償のケアワークをより多く担うのは女性です。このような労働分担はなぜこうも長く続いているのでしょう。わたしたちはこのことをどう理解し、それに関してなにができ、なにをすべきなのでしょう。

本書で扱っているほかの問題と同じように、それらの疑問もまたフェミニストたちのあいだで議論や意見の不一致を生んできました。この章の残りの部分では、相反する分析や理論や提案をいくつか検討していきたいと思います。まずはわたしたちがどんな道程をたどってきたかを考えてみましょう。

もともと人間の社会には、ほとんどの場合なんらかの性別役割分担が存在してきました。つまり、ある種の仕事は女性が担当し、ほかの仕事は男性が担当するという取り決めです。規模の小さい伝統的な社会では、この取り決めは平等主義的なものが多かったと言われています。男女どちらも経済的に依存し合い、それぞれが相手の労働から生まれたものを必要としていたのです。どうやら、男性の役割、女性の役割として決まっている仕事はさほど多くなかったようです。同じ仕事――たとえばトウモロコシの栽培――をする場合、あるグループでは男性の仕事で、別のグループでは女性の仕事になったりもしました。

産業革命以前の大きくて複雑な社会、たとえば中世や近世ヨーロッパの社会では、男女の労働の仕組みには、ヒエラルキーと相互依存の両方が存在していたと歴史家は指摘しています。産業革命以前、ほとんどのものは家庭内で生産され、その多くは販売用ではなく家族で使用するためでした。この生産形態には男女両方の労働力が必要です。たとえば男性は牛の世話をし、女性は肉を捌《さば》いて保存し、牛乳を攪拌《かくはん》してバターを作り、脂肪からキャンドルを作ります。職人や商人と結婚した女性は、夫の商売を学び、仕事を手伝うこともよくありました。ときには夫の代理を務めたり、夫の死後は事業を引き継いだりもしました。ただ、こういうやりかたはジェンダー平等とは言えません。なぜなら、結婚は対等な関係ではなかったからです。イギリスでは（のちにはその植民地でも）既婚女性は「夫の保護のもと」に置かれ、法律では妻は夫から独立した存在ではないと定められていました。だから、妻の財産や収入や労働はすべて夫のものになりました。夫と一緒に働いていても、対等なパートナーではなかったのです。それでも、妻の貢献が必要とされていた点では、いくらかの影響力はありました。したがって、依存は一方的ではなく相互的なものだったのです。

ところが、産業革命によってそれが変化しました。生産活動は家庭から少しずつ工場へと移っていき、男性も女性も子どもも働いて賃金を稼ぐようになりました。その結果、家事労働は生産的な活動ではなく、おもに再生産的な活動へと変わったのです。主婦の仕事は、家庭で消費するもの（食べ物、ビール、衣類、キャンドル）を作るのではなく、家事（料理や掃除や洗濯など）を行ない、家族が外で働けるようにしておくことです。彼らが稼いでくる賃金は、以前なら「家庭内」で生産していたものを買うために使われます。だから、家事労働は以前ほど重要な仕事とはみなされなくなりました（仕事の内容は女性が以前担っていたのと同じです）。変わったのは家事を行なう条件です。産業を中心とする新たな経済では、「仕事」と「家庭」は別々の領域になりました。賃金を得て働く女性は、今や料理や洗濯などの家事を、「仕事以外の」時間にこなすしかありません。事実上、「第二の勤務」を要求されているのです。

たしかに、多くの女性が工場労働を担うようにはなったものの、その賃金はつねに男性より低かったため、そこから摩擦が生じました。男性にしてみれば、低賃金で雇える女性と職を争うのは困るし、かといって自分たちの賃金まで低くされるのも困ります。そこで、男性には家族を養える収入が必要ですが、女性は家庭の責任を優先させ、稼ぎ頭の収入を補う程度に外で働くのをよしとする考えかたが定着していったのです。「男性の稼ぎ頭と専業主婦」という取り合わせは、今日、「伝統的な」家族や女性の「伝統的な」役割について語る際、もっとも頻繁に用いられますが、歴史的に言うと、実はまったく「伝統的」ではないのです。そのうえ、実際には普遍的な基準でもありませんでした。しかし、それが理想とみなされるようになったのは、男性に都合がよいからであり、資本主義の利益にかなうものだったからです。女性はおもな仕事が家庭内にあると考えられていたため、安価で便利な「労働予備軍」を形成していました。これはマルクス主義の用語で、失業者または不完全雇用者を指します。彼ら彼女らは、必要なときだけ労働力として用いられ（たとえば好況のとき、あるいは戦時中に従軍する男性に代わって働く）、不況になったり平和が戻ったりすると、人員が余剰となるため、ふたたび締め出されるのです。これが女性の場合、彼女たちにはすでに家庭での仕事があるけれど、家族を養う男性には有給の仕事が必要だ、という言いかたで正当化されやすいのです。

しかし、わたしがこれまで過去形を使ってきたのには理由があります。現在のような、新自由主義的でグローバル化された形の資本主義では、ほかの手段を使ってコストを削減し、利益を最大化しているのです。たとえば、低賃金でも働いてくれる外国人労働者を採用したり、労働者と「ゼロ時間」契約を結んだり。これは、労働者を働ける状態にさせておきながら給与は保証しない、というやりかたです。企業は業務の一部を、よりコストの低い国に移したり、人間の労働に頼らないテクノロジーに投資したりすることも可能です。そういうやりかたのせいでもっとも強く影響を受けたのは、女性ではなく先進国の労働者階級の男性です。というのも、彼らが従事していた製造業の仕事が、海外に移ったり自動化されたりしたからで、新たに創出された仕事は、女性がほとんどを占めるサービス業のため、不安定で低賃金なのです。トロントの新聞「グローブ・アンド・メール」によると、二〇〇八年の金融危機に続く不況のあいだ、カナダでは男性の失業者数が女性を大きく上回りました。

夫が「生活費」を稼いで妻と子どもたちを養うという古いモデルは、現実からますますかけ離れてきたものの、文化としては根強く残っています。アメリカでもヨーロッパ諸国でも、このところ右翼的ポピュリズムが隆盛し、それを煽《あお》っているのは人種差別や外国人嫌悪だけでなく、男性が一家の稼ぎ頭だった黄金時代へのノスタルジーでもあるのです。ドナルド・トランプがアメリカの有権者（とりわけ教育水準の低い白人男性）に受け容れられたのは、高給で安定的な仕事を取り戻すと約束したからで、それがあってこそ、かつての男性はコミュニティでの地位や威厳を与えられていたのです。同じように、過去に戻りたいという願いは、二〇一七年にユタ州の新聞に掲載された投書にも見てとれます。この投書は、男性が「じゅうぶんに稼いで家族を養い、母親が家で子育てできるようにすべきだ」という昔ながらの理由から、男女同一賃金を義務づける法案を否決するよう州議会に求めていたのです。この考えが前提としているのは、女性は男性の稼ぎに依存するのが望ましいし、すべての女性にその選択肢があるということでした。しかし実際のところ、多くの女性にその選択肢はありません。独身（未婚、離婚、未亡人）だったり、あるいは同居男性が失業中だったりするせいで、彼女たち自身が「おもな稼ぎ手」になるしかないのです。そのことは、いわゆる「黄金時代」にも、そしてそれ以前の何百年間にも当てはまります。いつの時代にも、女性の稼ぎに頼る家庭はありました。女性の賃金が男性より低いと、そういう家庭の多くが貧困に追いやられます。そのことも理由のひとつとなって（もうひとつの理由は、それが公平性の基本原則だから）、ユタ州の新聞への投書が反対していたような法律を、フェミニストたちは長く支持してきたのです。

とはいえ、男女の賃金格差が起きるのは、同じ仕事をしていても雇用主が男性より女性の賃金を低く設定するからだけではありません（現に、四〇年以上前から同一賃金法が施行されているイギリスのような国でも、賃金格差は続いています）。労働市場の多くの分野で、男女差別は存在します。女性が男性とは異なる仕事をし、女性のする仕事が過小評価されるのは、まさしく女性がしているからなのです。なかには、女性が家庭で行なう無償労働の延長とみなされているものもあるため、男性がする同等の仕事より努力もスキルも少なくてすむと思われているのです。この問題が、ある労働争議の中心的な議題となって、イギリスでは同一賃金法への道が開かれることになりました。声を上げたのは、ロンドン東部ダゲナムのフォード工場で車のシートカバーを製造していた機械工の女性たちです。自分たちが未熟な労働者ではなく熟練労働者であると認めさせるため、彼女たちは何年も闘っていました。しかしその訴えは、おそらくミシンに糸を通したこともない男性所長によって、繰り返し却下されていたのです。同じように、わたしが一九七〇年代半ばに病院の洗濯室で働いていたとき、洗濯機の積み下ろしを仕事にしていた男性は、手術着や看護師の制服にアイロンをかける女性より、五割近くも多い給料をもらっていました（アイロンかけより洗濯機の積み下ろしのほうがスキルを必要とすると思う人は、どう考えても洗濯をあまりしたことがない人でしょう）。

賃金格差のもうひとつの要因になっているのは、子どもが小さいあいだ、多くの女性が有給の労働時間を減らしたり、パートタイムで働いたりすることです。その結果、彼女たちは同じ仕事でも継続的に雇用されているフルタイムの労働者より収入が少なく、キャリアの階段を上がるのが遅くなり、退職後は年金が少なくなります。せめぎ合う「仕事と家族」（言い換えれば有給の仕事と無給の仕事）のバランスをどう取るかは、女性の個人的な「選択」として語られることがよくあります。けれども「選択」という言葉を使うと、自分ではどうしようもない構造的な要因によって、女性の選択が制限される事実を覆い隠してしまいます。実際には、子どもを産む前でさえ、女性の多くは男性パートナーより収入が少なく、そのため母親のほうがおもに、あるいは完全に育児を担うのが経済的に合理的だということになるのです。また、そこには文化的要因もあり、OECDはこれを「凝り固まった社会規範やジェンダーのステレオタイプ」と表現しています。子どもをおもに世話するのは母親だという強い思い込みが社会にはあります。男性の多くはその役割を引き受ける気がないか、もし引き受ければ会社にどう思われるかが心配なのです。大事なことを言い忘れていましたが、多くの有給労働がきちんと機能しているのは、フルタイムの労働者が無償のケアワークをだれかに任せられることが前提です。単純な事実を挙げれば、一日の標準的な労働時間である八時間は、学校の標準的な授業時間より長いし、医師の標準的な診療時間よりも長いのです。

ひとりひとりの女性が選択肢を持つべきだ、と言うだけでは、フェミニストにとってじゅうぶんではありません。なぜ女性に選択を強いる構図になっているのか、そしてほかのやりかたに変えられないのか、変えるべきではないのか、と問う必要があります。仕事に関するフェミニズムの議論は、多くがこうした疑問をめぐって繰り広げられてきたものの、取り組みかたはフェミニストによってばらばらでした。

社会主義的およびマルクス主義的フェミニストたちは、女性が働く状況を、より大きな経済や社会構造のなかで理解しようとしてきました。現在の構造から利益を得ているのはだれなのか。社会主義的フェミニストによれば、女性の仕事——有給でも無給でも——は家族だけでなく、資本主義や国家にも利益をもたらしています。資本家は安価な労働予備軍を手に入れ、そのうえ雇用主の懐を痛めずに、食事などの世話をしてもらえる人の労働力も手に入れられるのですから。そして、国家は公共サービスへの出費を節約することができます。というのも、女性は無償か、あるいは最小限の社会保障費と引き換えに、多くのケアを担ってくれるからです。

こうしたマルクス主義的な分析によれば、女性が担う家事労働の経済的価値は非常に大きく、そこからひとつの提案が生まれました。国家は「家事労働の賃金」を支払うことで女性に補償すべきだ、というものです。この提案であれば、理論上は先に述べたふたつの問題を解決できるかもしれません。すなわち、主婦が経済的に夫に依存する結果、安定性や自立性を失ってしまう問題、そして無償で働く「第二の勤務」による負担の問題です。しかし、それでは解決できない問題もあります。つまり、男女の役割分担がそのまま残ってしまうのです（女性が家事をすることで報酬を得ると、男性はますます分担しようとしなくなるでしょう）。そして、自分の家で家事をするのはもともと孤独で報われないのだから、だれにとってもフルタイムの職業であるべきではない、という議論ができなくなってしまいます。

ほかのフェミニストたちは、家事に報酬を要求することに反対しました。女性を退屈な家事から解放することこそが本来の目標だからです。アンジェラ・デイヴィスによれば、これを達成するには、産業革命前のように家事を家庭内に押し込める（あらゆる女性が家庭内で家族のために、反復作業に明け暮れる）のではなく、もっと商業化すべきなのです。「訓練を積み、まともな賃金をもらっている作業チームが、高性能の掃除機を持って家から家へと回れば、現在の主婦が苦労して行なっている作業は、迅速にしかも効率的に完了する」。しかし、ラディカル・フェミニストのシュラミス・ファイアストーンからすると、解決策は家事を商業化することではなく、核家族（彼女に言わせれば、女性と子どもの両方を抑圧する中心的制度）に代わる存在を作って、家事や育児を共同化することです。この考えに沿って行なわれた、初期のソビエトコミューンのような実験が、必ずしも女性に歓迎されなかったことはファイアストーンも認めています。それでも、人が求める親密さやケアを提供できるのは家庭だけ、という考えかたを彼女は否定しました。ファイアストーンの見かたによれば、ソビエトの実験に問題があったのは、こうした要求をきちんと考慮しなかったからです。事実、実験の結果は「女性を男性の世界に誘い込んだ」だけだったのです。

同じ批判は、現代の資本主義社会にも当てはまります。資本主義社会では女性を労働力に組み込もうと躍起になっています（要するに、生産性の高い仕事に従事する男性の世界に女性を誘い込み、経済成長を加速させようとしているのです）。いっぽうで、ケアワークに従事する女性の世界に男性を誘い込む努力は、ひいき目に見ても中途半端です。たいがいは、「凝り固まった社会規範やジェンダーのステレオタイプ」に対処すべし、というOECDの偽善的な勧告を大きく超えるものではありません。根本的な問題は、OECDが言う別の言葉にあらわれています。つまり、男性の参加を促すには、ケアワークを「脱女性化」する必要があるということ。女性の場合は、男性と同じような仕事をすることで地位が上がるかもしれませんが、男性のほうは「女性化された」ケアワークを、自分たちの地位を下げるものとして捉えているからです。

　たしかに収入は下がるでしょう。カトリーン・マルサル［スウェーデンの作家、ジャーナリスト］によると、スウェーデンでは高齢女性を世話する介護者の時給は、六九クローナ（約一二〇〇円）です。これは、たとえば不動産業者や警備員の収入よりもあきらかに低いのです。OECDはケアワークの「脱女性化」を課題にしていますが、真の男女平等を望むなら、職場の価値観や思い込みを「脱男性化」する必要もあります。そうなれば、老人や病人や瀕死《ひんし》の高齢者を介護する人より、物を売ったり財産を守ったりする人に高賃金を支払うことがもはや「自然」とは思えなくなるはずです。一般的には、働きかたに関するどんなことでも、労働者と言えば男性という前提で考えるのをやめなければなりません。いわゆる「家族にやさしい」政策も、たいていは女性の「特別なニーズ」に配慮する、という形になっています。たとえば二〇一七年、オーストラリアの研究者たちは、女性の労働時間を最大で週三四時間（男性の最大労働時間は四七時間）に削減するよう提案しました。これは、女性が「家事」に費やす時間を考慮してのことです。もしこの提案が採用されたら、利益よりも悪影響のほうが大きくなりかねません――雇用主は女性を雇いたがらなくなり、男性は「家事」を分担しなくなります（家事はきみの仕事だ。そのために労働時間を減らしてもらっているのだから）。もっと革新的なやりかたは、労働者が性別に関係なく家事もケアワークも行なう前提で、全員の労働時間を減らすというものです。

女性と仕事との関係は、組織的、社会的な要因（たとえば国家の法律や政策、資本主義の仕組み、雇用主の要求）だけで決まるのではなく、もっと個人的な要因によっても決まります。仕事に関わる問題（時間やお金や家事や子どもの世話）は男女間に摩擦を引き起こし、フェミニズムの原則である「個人的なことは政治的なこと」そのものとなるのです。根本的な問題は権力にあります。だれがだれのために、なにをしなければならないのか。そして、だれがだれに対して権威を行使しているのか。

わたしが子どものころ、既婚女性にこう尋ねるのはふつうのことでした。ご主人はあなたを働きに「行かせて」くれますか、それとも働くのを「いやがる」でしょうかと(その逆の前提にもとづいた質問――「夫が仕事をするのはいやですか」あるいは「夫に家事をさせてあげますか」などは現在と同様、当時もばかげていました)。この質問が前提としていたのは、女性は夫の権威に従うものであり、夫は妻が給料をもらって働くことを、みずからの権威への脅威と捉えるかもしれないということです。今日、女性が仕事を持つことへの反感は減っています(女性の収入に頼っている家庭も多い)が、調査によると、パートナーの女性が自分より多く稼いでいると男性が不機嫌になるのは、今でもごくふつうのことです。こういう男性は、昔ながらの「稼ぎ頭」よりも家事をする時間が少なく、不倫にも手を染めがちだという研究もあります。これは経済的な側面だけでは説明できません。むしろ、男らしさについての考えかたや、男女間の「適切な」関係が問題になるのです。

この章の最初に述べたように、フェミニズムはある種、女性に働くことの喜びを知ってもらうための宣伝活動であり、同時に、家庭での役割を減らしていくための活動でもあります。しかし、現実はもっと複雑です。フェミニストによって考えかたはさまざまですが、みな次の点だけは一致しています。つまり、女性のジレンマは「働くべきか家にいるべきか」ではありません（多くの女性にとって、家こそが働く場です）。女性のニーズより男性のニーズに合わせて作られた世界で、なすべき有給の仕事と無給の仕事にどうやって折り合いをつけるか、ということなのです。

第四章　女らしさ

『第二の性』の序文で、シモーヌ・ド・ボーヴォワールはあるパラドックスについて次のように記しています。

人類に女が存在するという事実はだれもが認めているし、昔も今も女は人類のおよそ半数を占めている。それでも、女らしさは危機に瀕《ひん》していると言われる。わたしたちは「女であれ、女でい続けろ、女になれ」と諭される。ということは、すべての女性が必ずしも女ではないように思える。女と見られるためには、女らしさという神秘的で今や危機に瀕した現実を共有しなければならないのだ。

ボーヴォワールが執筆していた一九四〇年代、一般的な知識としても専門的な知識としても知られていたのは、現在でいう「本質主義」です。つまり「女性」の普遍的、不変的な性質は生物学的機能と生殖機能で決まる、という考えかたです。したがって、女らしさは女性であれば自然ににじみ出てくる、というのです。しかしボーヴォワールに言わせれば、それは少なくとも単純化しすぎです。女性という言葉は、単なる生物学的カテゴリーではなく、もっと重要な社会的カテゴリーでもあるのです。社会的カテゴリーの「女性」メンバーと認められるには、女に生まれるだけではじゅうぶんではありません。時間や場所に応じた、女性にふさわしい振る舞いかたや自分の見せかたを学ぶ必要があるのです。こうして、のちに『第二の性』に記されるボーヴォワールの声明が生まれました。「人は女に生まれるのではなく、女になるのだ」。この考えに英語圏のフェミニストたちが注目したのは、一九六八年以降の第二波フェミニズムのころです。彼女たちは生物学的な男／女をあらわす性別と、文化的に決められた（あるいは、より一般的になった用語を使えば「社会的に構築された」）男らしさ／女らしさを意味するジェンダーとを理論上、区別しました。

　女らしさが社会的に構築されたものであることを示す重要な証拠のひとつは、「女らしい」振る舞いとみなされるものが、実は普遍でも不変でもなく、文化や時代によって大きく変わり得ることです。もうひとり、二〇世紀半ばに影響力のあった女性で、アメリカの人類学者マーガレット・ミードは、社会が違えば男性にとっても女性にとっても、望ましい社会的役割や人柄が著しく変わることを示しました。ミードの著書『性と気質(Sex and Temperament)』は、パプアニューギニアの三つの未開社会を研究したものです。一九三五年に出版されたこの本で、ミードはチャンブリ族とほかの部族とを比較しています。チャンブリ族は女性が優位な部族で、男性は女性より能力が劣り、受動的で感情的とみなされていました。それに較べてアラペシュ族とムンドゥグモール族には、男女どちらにも同じ性質が認められました。そして、性質はそれぞれの部族で異なっていたのです。アラペシュ族の場合、男女ともに平和的でしたが、ムンドゥグモール族の場合、男女ともに攻撃的でした。ミードはこう結論づけています。人間の本性はきわめて可塑《かそ》的であり、ひとりひとりがそれを発達させていく過程は、生物学的に決まるというより、文化の影響によるところが大きい、と。

とはいえそれは、時代と場所を問わず多くの女性に共通する経験が、生物学的に形づくられることを否定するものではありません(たとえば、ほぼすべての女性が月経を経験するし、多くが妊娠と出産も経験します）。けれども人間の社会では、もっとも基本的で不変的な経験（性別に左右されない例をふたつ挙げると、食べることと死ぬこと）でさえ、いつも文化に深く根付いています。女性が月経や妊娠といった生物学的プロセスをどんなふうに経験するかは、そのプロセス自体の性質に影響されるだけでなく、そのプロセスが女性の属する社会でどう理解され扱われているかにも影響されるのです。

女になる過程で学ばなければならないことの実に多くが、生物学的な女性性とはなんの関係もありません。生物学的な性差では説明できないものがあるのです。たとえば、なぜ兄の制服のボタンはわたしの制服とは逆に付いていたのか、なぜ口笛を吹いたり、脚を開いて座ったりすると、両親は兄を叱らずわたしだけを叱ったのか。これは、こうした振る舞いは「女ではない」からではなく（わたしは女なので、じゅうぶんにその一員です）「女らしくない」からです。あるいは、両親がよく口にしていたように、「レディーらしくない」、つまり（中産階級の）女らしさの規範に合わないということです。ほかならぬ女の振る舞いや容姿を「女らしくない」と表現しても、自己矛盾だと非難されることはありません。それ自体、女性であることと女性らしさとは違う、という証拠のひとつでしょう。作家のスーザン・ブラウンミラーはこう言っています。

女らしさの要求には終わりがない。たとえ自然界にはないとしても、男女に違いがあるように見せて聴衆を安心させ続けるか、または自然変異をこれぞと捉え、その音符で熱狂的な交響曲を作らなければならないのだ。

女らしさとは、文化的に構築された概念というだけではなく、文化的な押しつけ——期待や規定や禁止——でもあり、これは飴《あめ》と鞭《むち》のシステムを通して強制されます。もちろん、強制しようとしてもうまくいくとはかぎりません。事実、昔も今も、従来の女らしさを拒否する女性は多いし、わたしたちの文化が理想とする女らしさのイメージを完璧に体現し続けられる人などほとんどいないでしょう。ただし、期待にどこまで沿うかは自分で決められるものの、その結果は個人で決められる問題ではありません。子どものころ、わたしは自分の意志で口笛を吹いていましたが、周囲の人たちがわたしの振る舞いを「レディーらしくない」とみなし、それに沿って(つまり否定的に)判断することはどうしようもありませんでした。

では、男らしさはどうでしょう。もしかしたら、これも文化的に構築された概念で、男性として生まれた人がルール（たとえば、「男の子は泣かない」「ほんものの男は感情を見せない」など）を学ばねばならないのでしょうか。男性も男らしさの規範に合わせて褒められたり、逸脱して叱られたりするのではないでしょうか。要するに、二元論的なジェンダーシステムは、だれにとっても窮屈で押しつけがましいのではないでしょうか。

以上の疑問に対する答えは「イエス」です。女らしさが社会的に構築されたものなら、男らしさもまた同じであるはずです。このふたつは対語であり、対比によって定義されます。とはいえ、両者がつねに「コインの裏表」だと単純に考えるべきではありません。ボーヴォワールが『第二の性』で述べたように、ふたつの関係は一見、完全に対称的のようでありながら、よく考えてみるとそうではないのです。「男性は肯定と中立の両方をあらわしており、それは男（man）という単語が一般的に人間を指すことからもわかる。いっぽう女性のほうは、男性ではない性として否定的にのみあらわされる」

この観点からすると、ジェンダーとは対等な対語にもとづいた社会的分類システムだと単純に言うことはできません。ここにはヒエラルキーがあって、男性が女性より上にいるのです。ジェンダーの区別といってもいろいろあり、たとえば制服のボタンの位置などは些細《ささい》なものでしょうが、いっぽうで社会制度と密接に結びついているものもあり、そこでは男性が権力を行使し、女性は二次的で補助的な役割を求められます。男らしさは行動的で、積極的で、合理的で、力強く勇敢。女らしさは受動的で、従順で、感情的で、弱くて保護が必要。女性に求められる資質は、社会的立場の弱さを正当化するための資質でもあるのです。男らしさを求められることを抑圧的と感じる男性は多く、なかには深く傷つく人もいるはずです。男らしくないとみなされた男性は、きびしい制裁を受けることもあります。極端な場合、死に追いやられるかもしれないのです。このシステムが男女どちらにもよくない結果をもたらすことは認めながら、背後にはさらに大きな意図があることもフェミニストは見逃しません。つまりこのシステムは、男性が集団的に女性を支配し続けるための装置なのです。

当然ながら、フェミニストもこのシステムを変えたいと願っていますが、いつものように、その対処法となると見解はさまざまです。ジェンダー「廃止論者」のフェミニストたちは、シュラミス・ファイアストーンの言う「性器の違いなど、もはや文化的にたいして問題にならない」ような世界にすべきだと主張しています。あるいは、ひとりひとりがもっと多様なジェンダー・アイデンティティから選択する自由を持つべきだと主張するフェミニストもいます。あるいは、二元論的なジェンダーシステムを打倒することにはあまり関心がなく、現在の規範の狭苦しさをなんとかしたいと考えるフェミニストも多いのです。

この章の残りの部分では、女性らしさに関するふたつの問題を詳しく見ていきたいと思います。このふたつは、一九六〇年代以降、フェミニズムの理論的な分析やフェミニストの政治活動において、たびたび取りあげられてきました。どちらも、ほぼすべてのフェミニストが抑圧的とみなしてきたことと関係があります。ひとつは、外見に求められる規範が女性に与える影響。もうひとつは、女らしさ（および男らしさ）の規範を子ども時代の人格形成期に教え込むことへの懸念です。まずは後者から。

シモーヌ・ド・ボーヴォワールが一九四九年に発表して以来、「人は女に生まれるのではない」という反本質主義的な考えかたは繰り返し攻撃されてきましたが、その論争のおもな場は子どもの発育の問題でした。男女の違いは養育の結果というより生まれつきだと主張する人たちが、その証拠としてしばしば持ち出すのは、男女の違いが人生のきわめて早い段階から、つまり子どもが社会の規範や期待を意識する前からあらわれる、ということです。そして、男女の区別をしないことで違いをなくそうとする子育てはあきらかに失敗だ、と彼らは指摘するのです。子どもたちがどれほど社会化されていても、女の子と男の子が好むものは、着る服も遊ぶ玩具も「生まれつき」違っているように思えるからです。

この「生まれつき」の議論はフェミニズムの第二波の時期に叩《たた》かれ、たちまち時代遅れになっていきました。ところがここ数十年でふたたび注目され、進化心理学者の擁護によって幅をきかせるようになったのです。人間の性質に関する彼らの考えかたは第二章で取りあげました。進化心理学者たちは性別による違いを説明する際、原始人同士でなら通用したであろう理由を用いるのですが、これは現在の状況に合っていない場合もあります。二〇〇七年のある研究者グループの発表によると、二一世紀になっても女児がピンクを好むのは、文化の影響ではなく生まれつきだと考えられ、これは先史時代の女性が食料を集める際、ピンクが重要な色だった（多くの食用ベリーはこの色）ことをあらわしているというのです。いっぽう男児が青を好むのは、先史時代の狩猟者が、何時間も獲物を探しながら空を見ていたからだろうと言っています。けれども、歴史家はこの説に欠陥があることを指摘しました。ピンクと女児、青と男児との関連性は決して古くからあるものではないのです。それどころか二〇世紀初頭でさえ、ピンクは男らしい色とみなされていましたし（薄い赤色で、とりわけ幼い男の子に似合う）、青はむしろ女らしい色とみなされていました（たとえばヨーロッパの宗教画では、聖母マリアのローブの色）。

なぜわたしたちは、進化心理学者が語るこうした説をやすやすと受け容れるのでしょうか。もしかしたらジェンダーの区別が、変えようのないものとして日常生活のなかにしばしばあらわれることも原因のひとつかもしれません。もしあなたの娘が、どれだけ反対されても持ち物をすべてピンクにしたいと言い張ったら、その頑固さはおそらく、単なる文化的規範より、もっと深いなにかから生み出されたと思っても無理はありません。わたしたちは自然や生物学を「深い」と考え、文化を浅くて表面的と考えがちです。しかしこれは間違いで、文化も「深い」のです。社会的な存在を形成するプロセスは、社会学の先駆者エミール・デュルケームが述べたように、きわめて強制的で、「本人が自然には身に着けないであろう見かたや考えかたや振る舞いかたを、継続的に子どもに押しつける」ものなのです。ジェンダー化された見かたや考えかたや振る舞いかたを、子どもが生まれた瞬間から押しつけていくプロセスを、多くのフェミニストが何年もかけて立証しようとしてきました。

そのなかには、科学的な比較研究も含まれます。たとえば、母親はどれくらいの時間、幼い子どもたちと言葉でやりとりをするか（この研究によると、たいていは男児よりも女児と言葉を交わす時間のほうが長い）、あるいは、子どもの身体能力を大人が評価する場合、子どもの性別がどう影響するか（男児がすることを過大評価し、同じ年齢の女児がすることは過小評価する傾向がある）を調べたのです。研究からわかったのは、男児と女児は生まれたときから異なる扱いを受け、それがのちの発達に影響をもたらす可能性があるということです。また、心理学者コーデリア・ファインのいう「どっちつかずの子育て」をしてしまう現象についても証拠が示されています。ジェンダーをステレオタイプで分けることに意識的には反対する大人でも、そして自分は息子と娘を同等に扱っていると純粋に信じている大人でも、無意識に「女の子は言葉を使って表現したがり、男の子は身体的な冒険をしたがる」といったステレオタイプに影響されているというのです。

別の心理学者ブロンウィン・デイヴィスは、幼稚園児が女の子と男の子の違いをどう理解しはじめるかについて研究しています。それによると、子どもたちは大人からどっちつかずのメッセージを受け取るといいます。リベラルな両親や先生は、「極端な」男の子らしさや女の子らしさを避けさせようとします――攻撃的で感情に鈍感な男の子や、フリルのドレスを着た引っ込み思案の女の子にはなってほしくないからです。しかし同時に、子どもにはどちらかのジェンダーにきちんと属する存在であってもらいたいので、女の子の振る舞いがボーイッシュすぎたり、男の子の服装やおもちゃの好みがあまりに女の子ぽかったりすると、不機嫌になるのです（ちなみに、コーデリア・ファインはこんな両親の例を挙げています。息子にバービー人形をせがまれたとき、妥協をして、女の子らしさが目立たないレーシングスーツ姿のバービー人形を買い与えたというのです）。

こういう両親にはやはり共感してしまいます。彼らは、男と女は別様であってほしいという願望と、現在の世界で子どもがたくましく生きられるように育てる義務との狭間《はざま》にいます。その結果生み出されるどっちつかずのメッセージを、子どもたちはパズルのように、自分で解いていかなければなりません。ブロンウィン・デイヴィスによれば、就学前の子どもでさえ、ジェンダーが社会化される過程に積極的に関わっています。子どもといえども、大人の指示をただ受け止めているわけではないのです。そして、社会化の知識を子どもたちに教え込むのは、世話をする大人だけではありません。デイヴィスと会うまでに、小さな被験者たちはすでに家庭のなかにも外にもさまざまな役割を持っています。たとえば、幼稚園の園児であり、お遊びグループの一員であり、マスメディアの消費者であり、食べ物や衣服やおもちゃなどの消費者でもあります。このような役割のなかで、子どもたちは女の子とはどういうものか、男の子とはどういうものかという情報を吸収していくのです。

この学習プロセスを、観察日記として記録したフェミニストの親もいます。一九八〇年代初め、ドイツの弁護士でフェミニストのマリアンヌ・グラブリュッカーは、娘アンネリが生まれてから三年間の詳細な記録を出版しました。親戚や友人や他人が、ジェンダーにふさわしい振る舞いをこの子に教えたり、女の子らしい行動を賞賛したりするようす――かわいい格好をするとおだて、一緒に遊ぶ男の子に従うと褒める――を逐一観察したのです。このやりかたに触発されて二〇一一年、イギリスのジャーナリスト、ロス・ボールとジェームズ・ミラーはツイッターアカウント@GenderDiaryを開設し、一男一女の両親として、自分たちの経験に向き合いました。すると、同じ発達段階を通して、女児と男児の扱いに体系的な違いがあると気づいたのです。たとえば、赤ん坊だった息子（娘より年下）を病院に連れていったとき、息子の身体が大きいことについて、スタッフたちは肯定的な感想を何度も口にしました。実のところ、息子は娘が同じ年齢だったときほど大きくはなかったのに、娘のときより身体の大きさについて頻繁に言われたのです。また、「大きい」という言葉が娘について使われるとき、文字どおりの身体の大きさよりも、振る舞いが「大人びている」ことを指す場合が多くありました。身体の大きさは、男の子なら中立的あるいは肯定的として捉えられるのに、女の子の場合は否定的に捉えられます。そして、この基準は子ども服の作りかたにまであらわれています。女児用の服と男児用の服は一般的に、表面上のスタイル（色、モチーフ、細部へのこだわり）によって区別されます。けれどもそれだけではなく、多くのブランドが、平均身長や体重に男女の差がほぼない年齢から、女児用の服は男児用より小さめに作っているのです。

男女の違いは養育過程より生まれつきであり、だからこそ男女の性を区別しない子育ては「失敗」すると言う人たちに、フェミニストはこう反論しています。親が無意識のうちに抱く思い込みだけでなく、あらゆる文化的な力が子どもの発達に影響することを、彼らは過小評価している、と。その力を止めるには、子どもにふつうの生活をさせないようにするしかありません（学校も友だちも、テレビもインターネットも、大量生産された洋服もおもちゃも禁止）。なかには、かなり過激な実験をした親もいます。たとえば二〇一一年、カナダ人のカップルが末っ子のストーム（性別は不明）を「ジェンダー・ニュートラル」に育てると宣言しました。それを目標に、彼らは文化から離れた場所に引っ越し、「自家発電」で生活してホームスクーリングで三人の子どもたちを教育したのです。しかし、こんなやりかたはほとんどの親にとって実際的ではないし、社会問題を個人で解決しようとすれば、政治的な制限も出てくるでしょう。大きな問題に取り組むには、メインストリームの内部で変化を求める運動をしなければなりません。

一九七〇年代には、親たちがこの種のキャンペーンを数多く行ない、最近それがまた復活しています。二〇一二年、イギリスのオンラインフォーラムMumsnetでの議論から、活動家たちは「おもちゃはおもちゃ（Let Toys Be Toys）」というキャンペーンを始め、おもちゃを男女別にして店頭やカタログで売らないよう小売業者を説得しました。子ども向け映画や児童書を脱ジェンダー化するためのキャンペーンも行なわれています。子ども向け映画やテレビによく見られるステレオタイプへの批判が高まったことで、たとえばアニメでは『メリダとおそろしの森』や『アナと雪の女王』のように、勇敢な女性主人公が活躍するようになりました。それでも、調査によれば依然として、男性の登場人物のほうが喋《しゃべ》る時間は全体的に長く、新世代のプリンセスも依然として、女性の美しさという従来の理想を体現しているのです（たいていは白人で若くほっそりして、髪は長く目は大きい）。もちろん、彼女たちは実在の人物ではなくアニメーションですが、批評家の指摘によれば、二次元の身体にあらわれた特徴は、実際の女性たちが目指すべきと教えられた姿の誇張にすぎません。

これは、女性らしさが社会的に構築されるひとつの側面であり、フェミニズムの歴史を通して批判を呼んできました。メアリ・ウルストンクラフトが一七九〇年代に表明した不満については、第二章で引用しました。女性が容姿を磨くことばかりを奨励されて知性を磨かなかったのは、「美しさこそが女性の最強の武器であると幼少期から教えられてきた」からです。教育の機会や選挙権を求めて闘った第一波のフェミニストたちも、一九世紀の女性向けドレスコードを批判していました。なかでも槍玉《やりだま》に上がったのが、コルセットを用いるファッションです。女性たちは紐《ひも》できつく縛って不自然なほど細いウエストを作り、重いペチコートと扱いにくいスカートを身に着けていました。アメリカでは一八四九年、アメリア・ブルーマーが、スカートの代わりとなる「ブルーマー服」をみずから発案して紹介。これはトルコ風のゆったりした長ズボンとショートドレスを組み合わせたスタイルでした。また、一八八〇年代のイギリスでも、当時人気のあった自転車に乗りやすくするためもあって、「合理服協会」がズボンを奨励しました。自然にあらわれる性差を壊すつもりか、と責められながらも、改良派が批判していたのは、制約が多く人工的なヴィクトリア朝の女らしさでした。コルセットにもクリノリン「スカートを膨らませるために使う、針金を輪状にした下着」にも、「自然」なところなどいっさいありません。

一九六〇年代の女性解放運動が目指したのも、抑圧的で非現実的な美しさの基準から女性を解放することであり、女性の価値はいかに自分を男性消費者の望む形に仕立てあげられるかで決まる、という考えかたから解放することでした。この運動はまずわかりやすい形で、美人コンテストへの抗議を表明しました。彼女たちが見たところ、コンテストの出場者はさながら競《せ》り市の牛たちのように歩いていました。一九世紀のフェミニストと同じように、彼女たちが批判したのも、女性の行動を制限したり身体に不快感を与え続けたりしている（たとえばガードルやハイヒール）服装規定でした。しかし、それ以上ではないにしろ同じくらい懸念されるのは、完璧な見た目を要求されるプレッシャーが女性に与える心理的ダメージです。一九九〇年代には、この懸念がさらに強くなりました。評論家の指摘によれば、当時、摂食障害の件数が多くなり、美容整形手術を望む人が増えたのは、男女同権で育った世代の女性たちが必ずしも満足していないことのあらわれです。ナオミ・ウルフは著書『美の陰謀』のなかでこう言っています。「女性が法的にも物理的にも障害を打ち破れば破るほど、女性の美のイメージがよりきびしく、重く、残酷にのしかかってくる」

哲学者のヘザー・ウィドウズによると、きびしい美の基準――あるいは彼女の言う「美への要求」――が女性に与えるプレッシャーは、一九九〇年以降さらに大きくなっています。そして、同じ基準が世界中の女性に適用され、基準に合わせなければというプレッシャーはずっと続きます。始まるのは思春期のかなり前で（イギリスのガールスカウトの調査によると、七歳から一一歳までの少女一〇人中七人が、自分の外見に悩み、恥ずかしいと感じています）、閉経後もずっと続くのです。望ましい外見を手に入れるには、本人の努力とテクノロジーの助けが必要です。理想的な女性とされるのは、若く（あるいは実年齢より若く見える）、スリムで（とくに好まれる体型は、胸とお尻が出ていてウエストが細い）、肌は黄金色（この基準に従えば、黒人女性は肌の色を薄くし、白人女性は日焼けしなければなりません）、身体は引き締まり、肌はなめらかで体毛はほとんどなし。望ましい顔の特徴としては、高い頬骨と大きな目が欠かせません（アジアの一部では、目を大きくするアイリフト手術が一般的になっています）。こうした期待に応えるのが道徳的義務であるかのようだ、とウィドウズは記しています。つまり、「ありのままの自分でいる」のではなく、「自分でなんとかする」べきだということ。努力しなければならないのは、「あなたにその価値があるから」なのです。だから理想を達成できないと、それを道徳的な失敗と捉える女性が多くいます。身体的な価値だけでなく、性格にも問題があると判断してしまうのです。

フェミニストのなかには、ウィドウズ自身の言葉こそ道徳的かつ一方的だと主張する人もいます。なにが最善の利益かを自分で決められる自律的主体としての女性の立場を否定している、と。生殖器官をどう使うか、女性に口出しするなと言うのであれば、身体のほかの部分をどう使うか、口出しすることはなぜ許されるのか。母性と同様に美しさも、女性が選択する権利をフェミニストは擁護すべきではないか、ということです。アメリカの歌手シェールにこんな名言があります。「おっぱいを背中に置きたいと思ったなら、それはだれの問題でもなくわたし自身の問題だ」

しかし、ここでもふたたび反論が起きます。女性の選択は隔絶した場所で行なわれるのではなく、社会からのプレッシャーに応えて行なわれるため、ひとりひとりはそれをコントロールすることも無視することもできません。女性らしい見た目の基準に従っていれば報酬を受け、従わなければ罰則が与えられます。たとえば、雇用主が雇いたくなったり、昇進や高い給与を与えたくなったりするのは、「魅力的な」女性（男性も同じですが、女性のほうが影響は大きい）だと言われています。こうした価値体系を、わたしたちは人生の重要な決定を下せるようになるずっと前から、内面化してしまいます。容姿にもとづく差別は、三歳の子どもたちのあいだにも見られるのです。子どもたちは、特別な身体的特徴（肥満など）のある子を、友だちや遊び仲間として好ましくないと判断します。わたしたちが大人として行なう選択が、実は人生のこれほど早い段階で形成される信念や欲求に左右されているとしたら、それはほんとうに「自由」と言えるのでしょうか。

「選択」の議論に関するもうひとつの反論は、「顧客が望むものを提供しているだけ」という美容業界の言いなりになっている、ということです。実際、消費資本主義の例に漏れず美容業界も、新たなニーズや不安を作り出すことで、さらなる利益を上げてきた長い歴史があります（広告を目にしないうちから、「女性らしい肌つや」や「フリーラジカル」について気にしていた人がいるでしょうか）。グローバルサウスの貧しい国々では、欲望や不安も搾取され、それが植民地主義や人種差別の歴史に結びついています。ヨーロッパや北アメリカに拠点を置く企業が、アフリカ、アジア、ラテンアメリカの市場で売り出している美白剤は、豊かな国でなら安全基準を満たさないような商品です。なかには、人体に毒性があり、ガンや神経疾患や腎臓病のリスクが高まるものさえあります。たとえ文字どおりの毒性がない場合でも、こうした商品を宣伝することで、人種差別という毒を強めてしまいます。白い肌は黒い肌より好ましいという価値の序列が生まれるからです。

女性の身体がどうあるべきか、わたしたちの考えに影響を与えるのは美容業界だけではありません。ポルノによる影響の増大も懸念されています。二〇一七年の調査によると、イギリスでは性器の形が気に入らず、陰唇形成外科に相談する女性が増えているのです。二〇一五～一六年、NHS［イギリスの国民保険サービス］は、一五歳未満の少女に一五〇件の大陰唇形成術を施しています。もちろん、それによって少女たちが現実問題として抱えている不安がやわらいだのならよかった、とも言えるでしょう。しかし、思春期やそれ以前の少女にそのような不安を煽《あお》る文化を、フェミニストが見過ごすことはできません。

　女らしさの強調が女性に悪影響を与えることは、フェミニズムのどの波においても言われてきましたが、このスタンスがフェミニストのあいだで意見の違いを生んだのもたしかです。フェミニストのなかには、従属よりは女らしさのほうがまだまし、とする考えかたがあります。女性の伝統的な活動や集会は喜びの源泉になっているし、創造性をおもてに出したり、女性同士を結びつけたりする機会にもなってきました。共感や気遣いといった女らしい資質はすばらしく、褒められるべきものです。

　最近の例で、女らしさを擁護して注目されたのは、トランスフェミニストのジュリア・セラーノです。ジュリアは、家父長的文化の男らしさを好む傾向が、フェミニズムによって再生産されていると批判しています。その指摘によれば、フェミニズムによって「男性的」な資質や行動が女性にも受け容れやすいものになったものの、その逆は起きていません。わたしたちの文化は、男性が女っぽい格好をすることに、依然として強い不快感をあらわします。本章で先に紹介した、性差のない子育てについての議論でも、それを支持する結果が見てとれます。たとえば、娘が木に登ったり宇宙船の模型を組み立てたりしても、両親は喜んでいられるかもしれませんが、息子がバービー人形をねだると、複雑な気持ちになる場合が多いのです。しかし、こうした違いが結局どこから来ているのかについて、異なる意見を持つフェミニストもいます。男の子がある種のものに興味を持ったり行動を起こしたりすると、親がそれをやめさせようとするのは、なにも女らしさへの偏見からではなく、男らしくないとほかの男性から暴力を受けやすいと知っているからなのです。こうした男対男のジェンダー監視が守ろうとするヒエラルキーのシステムは、女性とは違う行動を男性に求め、しかも女性への支配を象徴するような行動を求めます。女らしく振る舞うことを拒否する女性が反逆者だとしたら、男らしさの規範をないがしろにする男性は裏切り者であり、罰のきびしさもそれ相応のものになるのです。

第一章で述べたように、男性優位は広範囲に見られる複雑な現象で、かなり深い歴史的ルーツがあるため、フェミニズムがいまだ攻略できていないとしても無理からぬことです。しかし、だからといって、自然の法則ゆえに抵抗しても無駄だということではないし、これまでなにも達成しなかったわけでもありません。コミュニティによっては、女らしさと男らしさの規範はこの五〇年でかなりゆるやかになりました。とはいえ、以前よりさらにきびしく、事実上さらに後退した規範もあります。次章では、このような経験をしたもうひとつの領域にフェミニズムがどう取り組んできたかを考えていきます。この領域も、たしかに変化は起きているもののそれも部分的で、必ずしも前進しているとは言えません。つまりセックスのことです。

第五章　セックス

二〇一二年に大きな話題となった本があります。E・L・ジェイムズの『フィフティ・シェイズ・オブ・グレイ』です。この作品は、それまで無名だった著者による官能小説で、億万長者の「ドム」（BDSM［拘束、懲罰、加虐、被虐］のルールに従い、セックスの際に支配的《ドミナント》な役割を演じる）クリスチャン・グレイと、初めてふたりが出会ったときはまだ処女だった大学生アナスタシア・スティールとの関係を描いています。この本は三部作のうちの第一部で、一部の終わりまでにカップルは結婚し、子どもがひとりできます。「性的倒錯」（拘束、鞭《むち》打ち、お仕置き）という目くらましはあるものの、本質的には従来の異性愛者同士の恋愛です。とはいえ、『フィフティ・シェイズ・オブ・グレイ』を文化的現象にまでしたのは、性的倒錯の側面なのです。そのため、この本が女性読者を熱狂させたことは、二一世紀の女性にとってどんな意味を持つのか、あらゆる種類の専門家が問いかけました。たとえば、女の子はみな年上で裕福で権力のある男性に支配されたがっている、という永遠の真実を、フェミニズムは依然変えることができていないのでしょうか。あるいは、現代女性が実際にはすでに力を持っているからこそ、無力な女らしさという幻想を楽しんでいるのでしょうか。こうした本（メディアが「マミーポルノ」と呼ぶひとつのジャンルになっています）が売れるのは、女性が恥ずかしがらずに自分の性欲を開拓できるようになったしるしなのでしょうか。それとも、女性への暴力を「セクシー」とする表現がいまだに影響力を持っているという憂慮すべき証拠なのでしょうか。

この疑問に対して、フェミニストの評論家たちは意見が分かれました（この本を嫌っている点ではほぼ同じでしたが）。男性の支配と女性の服従にもとづく関係には、そもそも問題があると主張する人もいれば、『フィフティ・シェイズ・オブ・グレイ』に難があることには同意しながらも、ほんとうの問題は、ＢＤＳＭをゆがめて伝えていることだと言う人もいたのです（本来は対等なパートナー間の契約で行なわれるものですが、主人公のアナはクリスチャンと対等ではありません）。この考えに同意したある作家は、「だれがどんな楽しみかたをしようと（安全で同意のうえであれば）まったくかまわない。フェミニストはオーガズムを支持する！」と表明しました。しかし、このような「オーガズム政治」を批判する人もいました。なぜなら、性的欲求といえども社会や政治の状況に応じて作られることを考慮していないからです。「女性は男性の支配をエロティックなものに変えることで、男性の暴力と抑圧をやりすごしている」と言う人もいました。

セックスの議論は、フェミニズムの歴史を通して、なんらかの形でずっと続いてきましたが、『フィフティ・シェイズ・オブ・グレイ』にまつわる議論もそのひとつです。セクシュアリティの研究者キャロル・ヴァンスが一九八四年に記していたように、女性のセックスは「制限や抑圧や危険の伴う領域であると同時に、性の探求や歓びや主体性の領域」でもあります。だから、フェミニストが「歓び」の面だけに注目すると、男性による暴力や抑圧という現実を見逃しかねません。いっぽう「危険」だけに注目すると、女性が積極的に求め楽しむものとしてのセックスを無視することになります。フェミニストならまずだれもが同意するでしょうが、セックスにはこのふたつの側面があり、フェミニズムはその両方を扱わなければならないのです。とはいえ、このふたつのバランスがどうあるべきかはフェミニストのあいだでも意見が分かれ、いくつかの問題については深い亀裂が見られます。いっぽうは、みずからの立場を「セックスに積極的」だと表明し（「フェミニストはオーガズムを支持する！」と言った作家のように）、他方は家父長制社会において、セックスが抑圧と暴力の温床になる仕組みを指摘しています。

第一波のフェミニズムを論じる歴史家たちが認めているように、一九世紀から二〇世紀初めにかけて見られたセックスに関するフェミニストの議論は、女性を性的な危険から守り、「男のなかの獣」を矯正させようと躍起になっていました（ただしそれに異議を唱え、避妊や中絶や性教育や、婚外セックスの自由を求めて活動したフェミニストもいます）。ところが第二波になると、セックスの問題が新たな方向へと向けられます。一九六〇年代後半にあらわれた初期の女性解放運動（ウーマンリブ）は、社会の主流である性的保守主義に反抗するカウンターカルチャーからエネルギーやインスピレーションを得ていました。そして、セックスがブルジョアの結婚や出産という狭い範囲に限定されるのを拒んだのです。この「性の革命」はユートピア的な政治プロジェクトの一部でした。というのも、より多くより自由なセックスをすること自体が肯定的に捉えられ、そのうえ政治的目的のための手段ともみなされていたからです（「戦争ではなくセックスをしよう」

といったスローガンにもあらわれています)。女性にとって、セックスの自由はとりわけ大きな意味を持っています。なぜなら、セックスは女性の自由が制限されることの多い領域だったからです。結婚相手以外と性的行為に及んだ場合、そのリスクや罰は男性よりも女性のほうが大きいのです。だから、女性は大事な「評判」が傷つかないよう、性的な振る舞いだけでなく、公共の場での振る舞いすべて(なにをしたか、どこへ行ったか、だれと会ったか)を規制されることになります。自身もこうした制約に反抗した世代のひとりであるリン・シーガル[社会主義フェミニストの学者]によれば、第二波初期の女性にとって、「性的快楽や満足を思うままに味わう権利は、自主性や自我を持つ権利の象徴」でした。要するに、これはセックスだけの問題ではないのです。

とはいえ、たしかにセックスにはそれ自体の意味も含まれます。不法なセックスを防止するために行動を制約されるのと同時に、女性は医療者をはじめとする専門家たちからこう教えられます。男性に較べて女性はもともとセックスに興味がなく、生まれつき受動的で、浮気はしたがらないものだと(男性はもともと浮気をするもの)。女性のセクシュアリティに関するこの見かたは矛盾している、とフェミニストたちはすぐさま指摘し、その誤りを証明しようとしました。第二波の初期に繰り返し取りあげられたテーマのひとつは、それまで女性にはないとされていたあらゆる欲望を追求し、賞賛することでした。それはたとえば、エリカ・ジョングによる一九七三年の小説『飛ぶのが怖い』のヒロインが「奔放なファック（zipless fuck）」と呼んだような、異性愛者同士の行きずりの出会いかもしれませんし、女性同士の出会いかもしれません。いっぽうで、もうひとつ繰り返されてきたテーマもあります。女性が思うままに歓びや満足を得るための性の革命に失敗したことです。一九七一年、アリックス・ケイツ・シャルマン［アメリカの作家。第二波フェミニズムの活動家］はこう記しています。急進的カウンターカルチャーの女性といえども、郊外に住む主婦と同様、オーガズムを感じているふりをしなければというプレッシャーを抱いている、と。「それは男も女も無知だから、というだけでは説明できない」

フェミニストのアン・コートは、その前年に「膣《ちつ》オーガズムの神話」という短い論文のなかで同じ指摘をしており、この文章は広く読まれました。女性のオーガズムは膣ではなくクリトリスで生じることが、科学的な研究（たとえば、性科学者のマスターズとジヨンソンが一九六〇年代半ばに発表した研究）で裏付けられた、とコートは指摘していま す。それでも、精神分析医やセラピストや人気アドバイザーなどは相変わらず、「成熟した」女性は自身の女性性をきちんと受け容れているので、ペニスを膣に挿入する性交でオーガズムを得られるし、そうあるべきだと言い続けていました。しかしコートによれば、科学的にも経験上も矛盾しているにもかかわらず、この考えかたが広まったのは、男性の利益にかなうからです。女性は「男性を歓ばせる性」とされてきたため、性交に満足が得られないと、それは女性に問題があるからだということになるのです。コートは今後に向けてこう記しています。「互いが性を楽しむことを前提とする新しいガイドラインを作り……現在は〝正常〟とされている体位でも、もし互いにオーガズムを得られないのであれば、それはもはや正常ではないと言うべきだ」

その後五〇年以上たちましたが、コートやその同時代人が取りあげた問題――セックスは女性ではなく男性が快楽を得るものとされている――はいまだ解決されていません。一九九〇年代初め、イギリスの研究者チームは若い男女に詳細なサンプル調査を行なった結果、ほとんどの人がいまだに「セックス」とはペニスを膣に挿入する行為だと理解していました。クリトリス刺激を「前戯」として行なうかどうかはともかく、適切とされる性行為は挿入で始まり射精で終わります。男性がオーガズムを得るのは当然とされるいっぽう、女性のオーガズムはそうではありません。似たような考えかたや行動が、二〇一六年のアメリカの本にも見られます。ペギー・オレンスタインの『女の子とセックス（Girls and Sex）』です。オレンスタインも、男の子の快楽は「与えられるもの」として扱われるのに、女の子の快楽は「二次的な、付け足し」として扱われる、と記しています（このルールは性交以外にも適用されます。著者がインタビューした女の子たちは、いつもオーラルセックスをするし、男の子はそれを期待している、と答えました。しかしお返しはめったになく、その非対称性に疑問を抱く女の子はほとんどいませんでした）。

この問題に対処するには、性教育をもっと充実させるべきだ、とオレンスタインは考えています。というのも現在、若者が受け取る情報は（少なくともアメリカでは）身体の構造に焦点を当てがちだからです（女性の身体の場合、セックスよりも生殖に重きが置かれることが多いのです）。そのため、性欲や感情やふたりの関係について話す余裕はありません。学校でも家庭でも、女の子はセックスの危険性（妊娠、性感染症、レイプ）

について警告されることが多く、快楽について話し合うことは少ないのです。アメリカで若者の多くが受ける性教育プログラムは「禁欲にもとづいた」ものであり、教えられるのは「〜するな」ばかり。そしてコメンテーター同様、オレンスタインも案じているのが、そのギャップを埋めようとして多くの若者が手を出すもの、つまりポルノです。

ポルノを「快楽」とみなすか「危険」とみなすかは、フェミニストをはっきり二分する問題のひとつです。そのふたつのあいだには、長年にわたる議論があります。いっぽうはセックスの描写が現実世界での性暴力や虐待を煽《あお》る、というもの（「ポルノが理論で、レイプは実践」）。そしてもういっぽうは、ポルノが有用な手段だとするもの。とくに、女性や性的マイノリティにとっては、みずからの快楽を開拓し、自分の身体について知り、自身を性的な存在として認識する手段となるからです。後者の見かたをするフェミニストも、販売されているポルノのほとんどが異性愛者の男性向けに作られたものであり、女性がじゅうぶん楽しめないことは認めるでしょう。しかし、彼女たちの主張によれば、肝心なのはポルノ自体に反対することではなく、男性中心ではない作品を要求したり製作したりして、ポルノの可能性を開拓することなのです。また、ポルノに反対すると、フェミニストが宗教的保守派と同じ側に置かれることも懸念しています。宗教的保守派はセックスのあらゆる表現を検閲したがるし、現実世界の性的表現でも、自分たちの狭い道徳規準に合わなければすべて検閲しようとします。それに対して、反ポルノ派のフェミニストはこう主張しています。自分たちがなにより案じているのは、保守派が考えている性の道徳性ではなく、ポルノ業界の内部でも、作品を消費する社会でも、女性や子どもや男性が虐待されていることだ、と。

こうした議論は、一九八〇年代のフェミニストの「セックス戦争」において頻繁に行なわれていましたが、社会の発展に応じてふたたびあらわれてきたのです。インターネットによって、あらゆるポルノが以前より簡単に見られるようになり（調査によれば、男性は相変わらず女性よりポルノをよく見ていますが、男女とも一九八〇年代に較べ、より頻繁に、そしてより若い人たちが見るようになりました）、かつては隠すものだったサブカルチャーが、今では文化のメインストリームに採り入れられるようになったのです。ストリップクラブは「ジェントルメンズ・クラブ」と改称され、かつての古びた怪しげな店は、イギリスの目抜き通りへ移って存在感を示し、そこではポールダンスがセクシーなフィットネス体操として女性たちに受け容れられています。思春期前の女の子たちは、伝説の「ポルノスター」のTシャツを着ているし、実際のポルノスターは大衆文化のアイコンになっています。

これはフェミニストが「ポルノ文化」と名づけたもので、要するにポルノが存在する文化というだけでなく、ポルノが常態化し、普及している文化という意味なのです。フェミニストのなかには、ポルノ文化の台頭は「レイプ文化」の台頭につながる、と主張する人もいます。つまり、それはレイプが存在する文化というだけでなく、レイプを常態化し、可能にしてしまう文化なのです。法律では、レイプが殺人に次ぐ暴力犯罪とされているのに、レイプを「可能にする」文化とは、なんとも妙に聞こえます。とはいえ、レイプで起訴されても有罪にならないことがほとんどで、事件の多くは起訴されず、通報さえされません。なぜなら、文化的な神話やステレオタイプ（「男性はいったん興奮すると、どうにも抑えられない」とか「女性はノーでなくてもノーと言うもの」など）のせいで、暗い路地でナイフを突きつけられでもしないかぎり、だれもレイプを「事実」だと見てくれないからです。また、同じ神話によって、人びとは加害者よりも被害者を非難する理由を探そうとします。こうした状況には多くの要因が関わっていますが、フェミニスト活動家のなかには、ポルノ文化もそのひとつだと考える人もいます。ポルノがレイプを直接引き起こしているのではないにしろ、ポルノが神話の一部になっているからこそ、これほど多くの男性がお咎《とが》めなしにレイプできるのです。

しかし一九八〇年代と同様、ほかのフェミニストたちはこの議論を否定しました。彼女たちは、レイプやレイプ文化に反対しながらも、同時に女性が行動も外見もセクシーでいる権利を守ることはできるし、そうすべきだと主張したのです。この考えかたは、「スラットウォーク」という反レイプ運動にも見られました。ふしだらな服装や振る舞いが性的暴力を招くという考えに異議を唱えるため、女性たちはわざとセクシーな服を身に着けてデモをしました（最初のスラットウォークが行なわれたのは二〇一一年。トロントの警官が学生グループに、自分の身を守りたければ「尻軽女《スラット》みたいな格好をするな」と発言したのがきっかけとなりました）。

ポルノ文化が与える影響についての議論は、レイプの広がりを招くかどうかという問題にとどまりません。たとえば、ペギー・オレンスタインが案じているのは、合意にもとづく関係においても、なにを快楽と感じるかにポルノ文化が影響を与えていることです。その懸念を抱いているのは、ポルノ文化より前の世代である年配のフェミニストだけではありません。二〇一五年、ある女性が匿名でツイッターに投稿しました。「わたしは二三歳。少女のころからオンラインポルノにさらされてきた最初の世代です。インターネットで他人の行為を見て、セックスがどういうものかを学びました」。彼女はさらに、男性のセックス・パートナーがポルノに触発されて行なったさまざまな行為をリストアップしていました。たとえば、同意なく行なったこと（髪の毛を引っ張る、顔に射精するなど）、気が進まないのに強要されたこと（アナルセックスなど）、拒否したら責められたこと（グループセックスへの参加など）といった行為です。どれも彼女自身は望んでいなかったにもかかわらず、「そのたびに、自分が〝イケてる女の子〟でないことを申し訳なく感じました。彼をがっかりさせてしまって。わたしはカタブツでした」。

彼女が示しているのはこういうことです。ポルノ文化が異性愛者の女性に新たな要求を突きつけ、彼女のような女性がそれを内面化して、相手の要求に背くのはよくないと感じてしまうのです。「イケてる女の子」と「カタブツ」との違いは一見、もっと昔の

「尻軽女」と「いいお嬢さん」との違いとはまったく別ものののように思えるかもしれませんが、実は同様の働きをします。どちらも、女性は自分が間違った側にいるのではないかと怖れ、みずからの振る舞いを調整してしまうのです。要するに、女性が性的快楽を追求できるようになったわけではなく、抑圧的基準（「いいお嬢さんは〜しない」）が、別の抑圧的基準（「イケてる女の子は男が望むことをなんでもする」）に置き換わっただけなのです。それでも依然として、こんなことを言うフェミニストもいます。ツイッター上の女性が拒否したようなセックスプレーに歓びや満足を見出す女性もいるのだから、ポルノは新たなエロスの可能性を開くことで、彼女たちの経験を向上させたのだ、と。

たしかに、女性たちの性的欲求はさまざまです。しかし、その現実に向き合おうとすると、リサ・ダウニング——フェミニズム研究者で、自身の研究方法は「セックスに肯定的」でも「セックスに否定的」でもなく「セックスに批判的」だという——が言っているように、フェミニストたちの議論は往々にしてふたつの立場に二極化してしまいます。いっぽうは、セックス革命というユートピア精神に道を開くもので、セックスはそれ自体がよいものであり、女性が歓びを感じるセックスはどんなものであれ、いきおい解放的で、政治的にも進歩的だとする立場（フェミニストはオーガズムを支持する！）。もういっぽうは、家父長制における（異性愛者同士の）セックスはもともと抑圧的であるため、そこから女性が快楽を得られるかどうかは疑わしい、とする立場です。ダウニング自身は、どちらの議論も単純すぎるとみなして、こう言っています。「どんな形のセクシュアリティも、どんなセックス表現も、批判的思考や疑問を等しく受け容れなければならない」

反ポルノ文化を掲げるフェミニストが批判しているのはポルノだけではなく、性産業がより一般的になって主流化することです。では、性産業の製品を消費する女性はどうなのか、さらには、女性が「セックスワーカー」として性産業に従事することはどうなのか、といった問題が生じてきます。「セックスワーカー」とは、セクシーなモデルやストリッパー、そして直接的に性を売る売春婦など、さまざまな性的職業の総称です。これもまた、フェミニストたちのあいだに深い溝があらわれる問題なのです。はたして性を売ることは、ほかの職業と同じ単なる仕事で、それが問題となるのは犯罪扱いされ社会から蔑まれることだけなのでしょうか、それとも性の平等や公正という原則とは相容れない性的搾取なのでしょうか。

　フェミニストはずいぶん昔から、売春の問題に介入してきました。イギリスでは一八六〇年代後半、「伝染病法」の撤回を求めてフェミニストたちが全国キャンペーンを行ないました。この法律は、「娼婦《しょうふ》」とおぼしき女性を軍の駐屯地で見つけたら逮捕し、健康診断を受けさせることを警察に許可するものです（もし女性が拒否したら投獄されるかもしれず、感染が判明したら強制入院させられることもありました）。活動家たちはマニフェストを発行してこの法律を非難。性別と階級によって人を差別して、彼女たちの基本的人権を無視し、「道具を使ったレイプ」とも言うべき屈辱的な処置を受けさせているると糾弾しました。さらに、この法律がセックスのダブルスタンダードを公式に認めていることも批判したのです。そもそも男性の要求がなければ売春婦は存在しないのに、汚名を着せられるのも、法律で罰せられるのも女性だけなのですから。

　ヴィクトリア朝のフェミニストたちは売春に批判的だったものの、女性がみずから売春に関わるのは経済的に苦しいからだと知っていました。女性の職業がきびしく制限されていた当時の社会にあって、売春は「もっとも報酬のよい仕事」だったのです（なかには、自分の意志で売春しているわけではない人もおり、フェミニストはそれも知っていました。強制や人身売買は当時も今も行なわれています）。しかし、中産階級のフェミニストもまた、売春という取引の存在を、わかりやすいミソジニーとみなし、そのミソジニーが穏やかな形で自分たちにも向けられていると知っていました。キャンペーンのリーダーだったジョセフィン・バトラーは、自分と同じ階級の男性にこう言っています。「わたしたちの姉妹を窮地に追いやっているかぎり、あなたたちが尊敬されることはありません。彼女たちに不当で残酷なことをするなら、それはわたしたちに対しても不当で残酷なのです」

売春に反対する現代のフェミニストも、経済的、社会的な制度として売春が果たす役割について同じように考え、こう主張しています。男性が性的同意を金で買える場（つまり、金を払わないと応じてくれない相手に、金を払って性行為をすること）が存在するのは、男女の不平等をあらわすと同時に促進するものであり、セックスは互いの欲求にもとづくべきだという原則を損なうものでもある、と。そうした主張をするフェミニストには、「北欧モデル」（スウェーデン発祥で、ノルウェーとアイスランドでも採り入れられています）の支持者が多くいます。これは、性的サービスを買うことを禁止し、売る行為は処罰の対象からはずすやりかたです。その目的は、商業的セックスに関連する法的制裁を、売春婦の側（おもに女性）から性を買う側（圧倒的に男性）へ移すこと、そして全体的な需要を減らすことです。スウェーデンの法執行官がイギリスの作家キャット・バンヤード［性的不平等に抗議する活動家］に語ったところによると、性を買うのはスピード違反のようなもので、多くの男性にとっては「できるからする」のであって、もし法的にも社会的にも代償を伴うとなればやめるはずです。このモデルには、売春に関わる人をサポートし、本人が抜け出したいと望めばそれができる手順も含まれています。調査によれば、なんとか抜けたいと思っている人は多いものの、数々の障害に直面するというのです。たとえば、薬物乱用の問題や、客引きの前科があるせいでほかの仕事に就きにくい、などです。

ただし、北欧モデルは性を売る女性に対して教訓的で上から目線だと主張するフェミニストたちもいて、こちらはむしろ「セックスワークは仕事である」と認めるほうが進歩的だと主張しています。性を売るのは、たとえば美容エステ（施術者が客の素肌に直接触れる）や、コーヒーの提供（バリスタに暴言を吐く客がいるかもしれない）や、トイレの清掃（他人の体液を処理する）と基本的には違いがないはず。そんなふうに捉えるフェミニストは、わたしが第三章で記した考えにおそらく同意するでしょう。つまり、生活に必要な金銭と引き換えに楽しくない仕事をしているのは、世界のどこを見ても、その多くが女性なのです。売春を選ぶことが経済的に合理的だと考える女性がいるなら、それを批判する権利はだれにもないし、ましてやその人を失業させるためのキャンペーンなど、もってのほかです。この観点からすると、フェミニストはセックスワーカーの労働条件が改善されるよう、とりわけ売春が非犯罪化あるいは合法化（その違いは、「合法化された」売春は国家が管理しているということ）されるよう支援するキャンペーンを行なうべきでしょう。この立場に立つフェミニストが指摘するのは、違法な仕事に従事する女性にとって、リスクを減らすような行動を取るのは難しいということです。なぜなら、彼女たちは暴力的な客を警察に通報したり、自身の健康や安全を脅かす働きかたに不満を言ったりするのをためらうからです。もし性を売ることがほかのサービスを売るのと同じであれば、女性はもっと安全になり、この職業についてまわる汚名もなくせるし、みずからの職業人生をコントロールする機会も開けるでしょう。小さな会社を起こしたり、ほかの女性たちと協同組合を設立したりすれば、売春斡旋《あっせん》業者や違法取引の黒幕である犯罪組織に頼らなくてもすみます。

いっぽう、その考えに反対する人たちからすれば、性を売るのに伴うリスクは、その多くが仕事の性質から起きるのであって、法的な条件から起きるのではないため、許容できるレベルまで減らすことはできません。売春という仕事でもっとも危険なのは、客に襲われたり殺されたりすることです。違法かどうかにかかわらず、ふたりだけで性的な場を持たなければこの職業は成りたちません。また、ドイツやオランダのように売春が合法化された国では、女性に約束されるはずの社会保障が実現していない、と活動家たちは主張しています。性産業は新自由主義的資本主義の路線に沿うよう組織形態を変えたため、経済的な恩恵を受けるのは働き手ではなく、裕福な資本家や起業家になってしまったのです。ドイツの合法化された「メガ売春宿」で性を売る女性たちは、権利や社会保障のある従業員にはなれません（言うまでもなく共同経営者や管理職にもなれません）。彼女たちは自営の請負業者として扱われるため、働いたぶんの報酬だけが経営者に支払われます。だから、何人かの男性にサービスをしたあとでなければ、自分のところにはお金が入ってこないのです。

女性が金銭やその他の利益のためにセックスを差し出すのは、なにも商業的な性取引だけではありません。第一波と第二波初期のフェミニストたちはこんなふうに言っていました。結婚とは世間体のよい合法的売春にすぎず、妻は経済的安定と引き換えに、夫にセックスと家事を提供している、と（当時の法律では、妻がセックスを拒むことはできなかったし、イギリスでは、夫婦間レイプは一九九一年まで犯罪にはなりませんでした）。何人かの元売春婦は、セックスが取引可能な商品だということは自分が性を売りはじめるずっと前から知っていた、とキャット・バンヤードに語っています。ある女性は、幼いころから自分のセクシュアリティは自分自身の一部ではなく、「男性から望まれるもので、わたしにとっては自分の価値を確認するために与えるもの」だったと説明しています。別の女性は経験から学んだこととして、女性である以上、「なにより強力なのはセックスの力」だと言っています。女性のセクシュアリティをそんなふうに捉えた場合、問題になるのは取引の条件が搾取的なときだけでしょうか。それとも、セックスが商品となる異性愛者同士の契約――女性が生活費や金銭や権力や自尊心と引き換えに男性に提供するもの――がもともと問題なのでしょうか。

フェミニストのなかには、男女間の愛を再生させることにエネルギーを注ぎ、男と女が性的にも社会的にもより平等で新たな関係を作るべきだと言う人もいれば、それ以外のやりかたを提唱する人もいます。そのひとつは、セックスを完全に拒否することです。以前、アメリカのラディカル・フェミニストのグループが、自分たちを「セックスに反対する女たち」と称し、マニフェストでは「性的行為から脱する方法は、ただやめることだ」と宣言していました。また、アセクシュアル［無性愛者。他者に性的興味や欲求を感じない人］を自認する人たちは、同じ動機からではないにしろ、セクシュアリティや性的行為は人類の繁栄に欠かせないという一般的な考えかたに挑戦しています。別のフェミニストたちは、女性同士の性的な（親密な）関係が、異性愛者同士の契約に代わる前向きな選択肢になると言っています。フランスのフェミニスト、モニック・ウィティッグは一九八一年、レズビアンは女性ではない、と主張しました。なぜなら、女性は社会的に言えば異性愛者同士の経済において男性に服従する存在ですが、レズビアンはたとえ立場が不安定であっても、そのシステムの外にいるからです。

その一年前、詩人のアドリエンヌ・リッチは「強制的異性愛とレズビアン存在」と題した文章のなかで、こう主張しています。異性愛は単に選択の結果や生まれつきの性向として見るのではなく、ほとんどの女性がその命令に従うしかない政治システムとして見るべきだ、と。同性愛の場合は男女ともにタブー視されるのに、異性愛者でなければならない（レズビアンだけでなく独身も認めない）という圧力は、女性のほうに重くのしかかります。女性は結婚によって経済的に依存するからです。こうした圧力をかけ、それに抵抗した女性を叩《たた》くのは、根拠のある恐れが隠れている証拠ではないかとリッチは読者に問いかけています。つまり、もしほんとうに選択の自由があれば、多くの女性は恋愛相手に女性を選ぶのではないか、ということです。

リッチがこの論文を書いたのは、第二波フェミニズムの際、レズビアンやレズビアン主義が理論においても実践においても、無視されていることに意義を唱えるためでもあります。一九六〇年代後半より前にレズビアンを自称していた女性たちは当初、新しいフェミニズム運動とはあまりいい関係ではありませんでした。フェミニズムは同性愛を嫌悪していると見られていたからです（それも一理あるのです。運動の指導的人物のひとりベティ・フリーダンはレズビアンを「ラベンダー色の脅威」と呼び、レズビアンが運動に加わるとフェミニズム本来の目的が損なわれてしまう、と言っています）。レズビアンのなかには、ゲイ解放運動のほうが自分たちの利害に近いと感じる人もいれば、女性解放運動の内部で存在感を発揮する人もいました。また、フェミニストのグループに関わることで、それまで自分が異性愛者だと思っていた女性が、ほかの女性に性的興味を持ち、レズビアンを自認するようになったケースもあります。現代では、個人が性的嗜好《しこう》を選んだり変えたりすることはできないと考えられていますが、以前、フェミニストはセクシュアリティをもっと柔軟なものと捉えていました。既婚女性が三〇代（あるいは六〇代）でレズビアンをカミングアウトしたからといって、ずっと前からレズビアンだったとはかぎりません。もしかしたら、以前は気づかなかったか、認めることができなかったのかもしれないからです。それはひとつの可能性ですが、もうひとつの可能性としては、とりわけ社会や文化に大きな変化があったとき、新しい経験に応じてアイデンティティや欲求が変わる、ということです。

現在もまた間違いなく、社会と文化の新たな発展によって、アイデンティティや欲求が作り替えられている時期です。そうした変化の兆候として言われてきたのは、若い女性がレズビアン主義から離れ、「クィア」と呼ばれる、より包括的で流動的なアイデンティティへ向かっている状況です。「クィア」はかつて「同性愛者」を意味する侮辱語でしたが、一九八〇年代から一九九〇年代にかけてクィアの理論や活動が生まれ、その言葉が「再利用」されました。それはもはや、ゲイの男性やレズビアンだけを指すのではありません。そこには「異性愛規範」に挑戦するあらゆる性的な嗜好や行為が含まれます。「異性愛規範」とは、異性愛という形の社会的特権を示すもので、一夫一婦制の生殖システム、伝統的な男女の役割、従来の性的行為を伴います。とすると、多くの女性が「レズビアン」ではなく「クィア」を自認するようになった場合、それは単に言葉が変わっただけなのか（本人たちは同じ相手と同じことをしており、ただ呼び名が変わっただけ）、それともセクシュアリティに対する社会の見かたが変化した証拠なのでしょうか。これは複雑な問題ですが、あるコメンテーターの言葉にひとつの答えが隠れています。「ジェンダー多様性がますます盛んになってきたのに、「ゲイ」か「レズビアン」の二種類しか呼び名がないのは、いかにも古くさく思えてきた」。現在、セックスに対する語りかたや考えかた、そしておそらく実際のセックスのしかたが変化しつつあるのは、ジェンダー・アイデンティティに対する考えかたの変化と密接に関係しています。この話題は最終章でふたたび取りあげるつもりです。

この章では、セックスをテーマとするフェミニスト同士の分断についてかなり多く語ってきましたので、最後は彼女たちを結びつける言葉で終わりたいと思います。考えかたがどれほど違っても、わたしがこれまで検討してきた見解はどれもみな「フェミニズム」なのです。共通する主張とは、女性が性の自律的な主体であり、そう扱われるべきであって、決してだれかの快楽や利益のために利用される対象ではない、ということです。女性はみずからのセクシュアリティを自由に表現するべきで、どれかのセクシュアリティに押し込められたり、なにかの性的用語で決めつけられたりしてはなりません。欲求は大事にされるべきだし、ひとりひとりの違いも尊重されるべきです。女性たちの要求はこんなにも控えめだというのに、今でさえ、それは行きすぎた要求と見られているのです。

第六章　文化

一九九〇年、評論家のカミーユ・パグリアはこんなふうに言っています。「もし文明が女性の手に委ねられていたら、われわれは今でも藁葺《わらぶ》き小屋に住んでいるだろう」。これは彼女のオリジナルではありません。パグリアは古びた考えかたをここで再利用しているのです。その考えかたとはつまり、男性は文化（この言葉は「生活の営み全体」という人類学的意味ではなく、人間の知性と創造性のもっともすぐれた成果の総称として使われています）の創造者である。なぜなら、自然の力を乗り越え制御しようとするからだ。いっぽう女性は自然に縛られたままで、その創造的なエネルギーを知識や真実や美のためではなく、生殖という自然作用のために使っている、ということです。

チャールズ・ダーウィンは、人間の進化について論じた主著『種の起源』のなかで、女性が文化的に劣っている証拠を述べています。「詩、絵画、彫刻、音楽、歴史、科学、哲学の分野で、もっともすぐれた男性のリストと女性のリストを作ったら、そのふたつは比べものにならないだろう」。したがって、その違いには生物学的な要因があるに違いないと結論づけました。つまり、男性にはもともと「精神力の強さ」があるというのです。同じように考えていたのが、チェーザレ・ロンブローゾという人物でした。彼は一九世紀のイタリア人精神科医で犯罪学者でもあり、本一冊分にもなった研究書『天才論（The Man of Genius）』の著者です。この本には「性の影響」という章があり、こんな言葉で始まっています。「天才の歴史において、女はごくわずかしか存在しない」。しかし次のページを見ると、その言葉でさえ甘いものだったとわかります。というのも、「たとえ天才らしい女がいたとしても、そのだれもが「どこかしら男っぽい」と言っているのですから。ロンブローゾはこう結論づけています。「女に天才はいない。いたとすればそれは男だ」

ばかげた論理に思えるかもしれませんが、このような古びた考えかたは、反フェミニズムによく見られるものです。彼らはこんなふうに言うのです。女性がほんとうに男性と同等なら、女性のレオナルド・ダ・ヴィンチは、シェークスピアは、モーツァルトはどこにいるのか。孔子やプラトンやマルクスほどの影響力がある女性の哲学者や政治思想家はどこにいるのか。なぜノーベル賞受賞者には女性がごくわずかしかいないのか。数学の権威あるフィールズ賞を受賞した女性がひとり（故マリアム・ミルザハニ）しかいない事実をどう説明するのか。

このような疑問を投げかけてくる反フェミニズムは、きわめて古くから存在します（本書の「はじめに」で、あらゆる面で劣性とする見かたから女性を守ったクリスティーヌ・ド・ピザンの『女たちの都』を紹介しました）。本章では、その疑問に対するフェミニストの答えを検討します。そして一般的な話題では、一九世紀以来、女性と芸術、知識、創造性との関係をフェミニストがどう理論化してきたかを考えてみたいと思います（この議論が西欧の伝統に軸足を置くことになるのは認めなければなりません。言うまでもなく、興味深い伝統が見られるのは西欧だけではないし、女性の立場について語るフェミニストたちの意見が、あらゆる女性と文化の関係に当てはまるわけでもありません――ときおり、そのように提示されてきたことがあったとしても）。

ダーウィンと同時代だった第一波のフェミニストたちは、女性の知的、芸術的な業績が「もっともすぐれた男性」の業績ほど多くはないし、際だってもいないことについては、ほとんど異議を唱えませんでした。彼女たちが異議を唱えたのは、その状況が変わらないことです。多くのフェミニストはダーウィンを支持していました。なぜなら、あらゆる種が適応のプロセスを繰り返しながら発達してきたという考えかたは、女性も機会さえ与えられれば、男性と同じレベルまで能力を伸ばすことができる、というフェミニストの信念を支持しているように思えたからです。しかし、『種の起源』に記された侮辱的な言葉に対して、アメリカのフェミニスト、アントワネット・ブラウン・ブラックウェル［一九世紀に活躍した科学分野の女性研究者］は、ダーウィンがみずからの論理に従っていないと批判しました。「性による違いは、もしあったとしても、それ自体が自然淘汰《とうた》と進化の対象となるはずである」

進化論の考えかたを利用したかどうかはともかく、一九世紀から二〇世紀初めのフェミニストは、女性が文化に貢献しにくいのは、従属的な立場に置かれ、教育を受ける機会がなく、家庭に閉じ込められているからだと考えていました。ヴァージニア・ウルフは著書『自分ひとりの部屋』のなかで、「なぜ女性のシェークスピアがいないのか」という長年の疑問を取りあげ、こう問いかけています。もし近代初期のイギリスで、ウィリアムと同じくらい才能のあるジュディスという妹がいたとしても、はたして兄と同じ高さまで到達できただろうか。ウルフが架空の妹ジュディスに当てはめて作ったライフストーリーからすると、その答えはあきらかに「ノー」です。ウィリアムと違ってジュディスは学校に行かせてもらえません。読みかたを勉強していても、もし母親に見つかったら、家事の手を抜いたと叱られます。一七歳になると、そろそろ結婚をと両親が決め、地元の羊毛商人と婚約させられてしまいます。迫り来る結婚に恐れをなしたジュディスは、演劇で身を立てようとロンドンへ逃げ出しました。ところが、エリザベス朝の劇場では女性は雇ってもらえず、ロンドンは独り身の若い女性には危険な場所です。ジュディスはやっとのことで男性のパトロンを見つけますが、予想どおり、その援助には代償が伴いました。未婚で妊娠してしまった彼女はみずから命を絶つのです。

ウルフ自身が生きた二〇世紀初め、彼女と同じ階級の女性はシェークスピアの妹よりは才能を伸ばす機会があったものの、いまだ男のきょうだいと同じ条件ではありませんでした。『自分ひとりの部屋』には、女性の行く末に立ちはだかる数多くの障害が取りあげられています。たとえば教育の機会が乏しいこと、経済的な依存、妻や母親の役割をつねに優先させられることなど。経済的に恵まれない女性にとっては、なおさら障壁が高かったのです。アリス・ウォーカー［アメリカの黒人女性作家］は、一九七四年のエッセイ『母の庭をさがして』で、「祖母の時代、黒人女性が芸術家であるとはどういうことだったか」と問い、「この問いへの答えは血も凍るほど残酷だ」と付け加えています。それでも、彼女が指摘しているように、貧しくて教育を受けられない黒人女性にも創造性はありました。もし条件さえ整っていれば、すぐれた文学や絵画や彫刻を生み出していたかもしれない才能は、口承文学やキルト作りへ、あるいはウォーカーの母親の場合、エッセイのタイトルにある庭造りへと向かったのです。

今日、女性はその気になればどんなことでもできるし、本人の実力だけで評価されると言われています。しかし実際、競争の場は平等からはほど遠いのです。二〇一七年、女性と映画に関するある講演（タイトルは、ヴァージニア・ウルフに敬意を表して「自分ひとりのスクリーン」）で、スザンナ・ホワイト監督［イギリスの映画監督。『われらが背きし者』（二〇一六年）など］はみずからのキャリアを回顧し、障害物や回り道や行き止まりでいっぱいだったこれまでを振り返っています。少なくともホワイト自身はみずから選んだ目的地に到達したものの、映画界では目標をいまだ達成できない女性がたくさんいます。この一五年間、映画監督になるという志を抱いて映画学校を卒業した人数は、男女ともに変わっていません。けれども、そのなかで目標を達成し続けているのは大多数が男性です。イギリスで二〇一六年に男性が監督した作品は、女性の六倍。女性が監督する映画はほとんどが、規模の小さな低予算の作品で、高額予算の映画を製作した女性監督はわずか三パーセントしかいませんでした。ホワイトによれば、こうした不均衡は根深い男女差別的考えかたのあらわれですが、それがおもてに出ることはめったにないため、異議を唱えるのは難しいのです。たとえば、女性は大人数の俳優やスタッフを管理するのが不得手だろうし、家族のいる女性は長時間働くのを嫌がるはずだ、という思い込みがあります（ただし、映画製作で時間がかかるのは、衣装やヘアメイクやメイクアップの仕事で、それを担っているのは女性が圧倒的多数です）。もうひとつよくある思い込みは、女性が監督できるのは子ども向けの映画や国内向けのドラマなど、決まった種類の作品だけ、というものです。ホワイトが最初のメイン上映作品を依頼されたのは、イラン侵攻を取りあげたテレビのミニシリーズ作品『ジェネレーション・キル』でエミー賞にノミネートされたあとでした。それでも、依頼されたのは子ども向けの映画だったのです（ホワイトはその予告編のナレーションがこんなふうになるのではないかと想像しました――「『ジェネレーション・キル』の監督が贈る『ナニー・マクフィーと空飛ぶ子ブタ』」）。それ以来、彼女は高額予算のスリラー映画や歴史ドラマを監督してきました。ただ、本人が言うように、これはきわめて珍しいことです。というのも、メインストリームの映画業界で女性監督が大作を手がけられるのはきわめて稀《まれ》なので、名前をよく知られているのはほんのひと握りしかいないのです（たとえば、キャスリン・ビグロー、ジェーン・カンピオン、ソフィア・コッポラなど）。

はたして、彼女たちの名前は一〇〇年後にも記憶されているでしょうか。そう願いたいですが、フェミニストたちは、ほかにも文化的排除の形があることを指摘しています。つまり、その時代には才能を認められていた女性でさえ、つねに歴史の記録から消去される傾向にあるのです。一九七〇年、シュラミス・ファイアストーンは、「文化に直接貢献してきた女性はどれくらいいるだろう」というみずからの疑問に、短くこう答えています。「多くはいない」。ところがその後のフェミニズム研究によって、ファイアストーンが知っているよりもその数は多いことがわかったのです。過去の女性たちがどれほど文化に貢献してきたかを記録に残すのは、フェミニズム研究にとって重要な目標となりました（それは今も同じ）。それが重要なのは、作品の本質的な価値に光を当てるからというだけでなく、女性たちの業績を可視化することで、「偉大なだれだれに匹敵する女性はひとりもいなかった」という思い込みを崩すこともできるからです。過去の女性たちへの思い込みは、現在の女性をも失望させ、排除し続けてしまうのです。

科学の分野では、フェミニズム研究によって次のような女性たちに光が当てられました。カロライン・ハーシェル（一八世紀のドイツに生まれた天文学者で、王立天文学会の〈名誉〉会員になった最初の女性）、メアリー・アニング（化石採集者で古生物学者）、エイダ・ラブレス（コンピューティング開発のパイオニア）、ネッティ・スティーブンス（アメリカの生物学者。一九〇五年、性決定におけるX染色体とY染色体の役割を特定）、リーゼ・マイトナー（二〇世紀半ばのオーストリアの核物理学者で、オットー・ハーンとともに核分裂を発見）、ジョスリン・ベル・バーネル（天体物理学者。一九六〇年代、博士課程の学生だったときパルサーを発見）、キャサリン・ジョンソン（ＮＡＳＡの数学者。彼女の生涯は二〇一六年の映画『ドリーム』に描かれています)。そして、西洋のクラシック音楽の作曲家といえば、有名なのはほぼ例外なく男性ですが、実は才能豊かな女性が何世紀も前からたくさんいたことが研究によってあきらかになっています。イギリスの伝記作家アンナ・ビアーは著書『音と甘いメロディ――クラシック音楽界の忘れられた女性たち(Sounds and Sweet Airs:The Forgotten Women of Classical Music)』のなかで、有名な男性作曲家とのつながりから名前を知られている女性(たとえばメンデルスゾーンの姉ファニー・ヘンゼルや、シューマンと結婚したクララ・ヴィーク)だけでなく、あまり知られていない女性たちも取りあげています。ルネサンス期のフィレンツェで宮廷作曲家として仕えたフランチェスカ・カッチーニ、フランス人女性として初めてオペラを上演した(一六九四年、パリ)エリザベト・ジャケ・ド・ラ・ゲール、ハイドンと同胞で同時代人でもあり、当時は宗教音楽の作曲家として高く評価されていたマリアンナ・マルティネス。

フェミニストたちはこれらの女性を記録に戻し入れ、どういう経緯で彼女たちの名が抹消されたのかを問うてきました。科学者の場合、よく言われるのは「マチルダ効果」

です。要するに、女性の業績は共同研究者である男性の手柄にされてしまいがちだということ（一九世紀後半、この現象について書いたアメリカの女性参政権論者マチルダ・ジョスリン・ゲージの名にちなんで付けられました）。リーゼ・マイトナーもジョスリン・ベル・バーネルもノーベル賞を受賞していません。これは彼女たちの業績が見過ごされたからではなく、いずれの場合も、ノーベル委員会が男性（マイトナーの共同研究者オットー・ハーンと、ベル・バーネルの博士課程の指導教官）を受賞者に選んだからです。だれもが名前を知っているマリー・キュリーでさえ、一九〇三年のノーベル賞候補者から当初は除外されていましたが、最終的には夫ピエール、アンリ・ベクレルとともに受賞することになりました。それも、ピエールが異議を訴えてようやく彼女が加えられたのです。このようなケースでは、男女の共同研究において女性が対等な研究者であることを（女性が主導権を握っていた研究は言うまでもなく）、ノーベル賞委員たちは想像もできなかったのです。この問題はなにも科学に限ったことではありません。たとえばアンナ・ビアーが取りあげている作曲家レベッカ・クラークは一九一九年、作曲コンクールにおいて、「ヴィオラ・ソナタ」の楽曲でエルネスト・ブロッホと一位を分かち合いました。

しかしそこに疑問が投げかけられたのです。これはほんとうに彼女が作曲したのか、もしかしたら男性が女性のペンネームで世に出したのではないか。その男性はブロッホではないかとさえ言われたのです。これは、クラークの才能に対しては讃辞《さんじ》ですが、彼女が女性であることに対しては侮辱でしょう（「女に天才はいない。いたとすればそれは男だ」）。

芸術において、女性の作品を貶《おとし》めるよくあるやりかたは、「二流」の枠へ追いやることです。たとえばこんなふうに言って。「そうだね、たしかに有能な女性はいるが、偉大というほどではない。彼女たちの作品は平凡で、派生的で、みみっちくて、感傷的で、〝軽い〟。言い換えれば、それは女性自身の欠点そのものだ」。この決まり文句を、フェミニストたちは早くから知っていました。一九六八年、文芸評論家のメアリー・エルマンは「女性が書いた本は、あたかもそれ自体が女性であるかのように扱われ……知的物差しをバストとヒップに当てはめて批判されてしまう」と不満を漏らしています。女性の作品が、ジェンダーというプリズムを通さずに読まれることは現在でも不可能のようだ、と小説家キャサリン・ニコルズは言っています。ニコルズは二〇一五年、実験的に同じ原稿を自分の名前と男性名とで、複数の文学エージェントに送ってみました。すると、キャサリン名の作品を読んだエージェントは、文章が「叙情的」だと褒めました。いっぽう「ジョージ」の作品だと思って読んだエージェントは、文章が「巧妙」で「構成がしっかりしている」と評価しました。そしてエージェントが好んだのはジョージの作品だったのです。興味を持ったという返答がキャサリンへは二社に対して、ジョージへは一七社もあったことに、ニコルズは皮肉っぽくこう言っています。「同じ本を書いているのに、ジョージはわたしより八・五倍も成功を収めた」

実際には、どのエージェントも同じ文章を読んでいたのだから、「ジョージ」のほうに肯定的な評価を下したということは、男性を優位とする無意識のバイアスに影響されたことがうかがえます。もちろん、性差別は意識的に行なう場合もあるでしょう。いずれにせよ、それは女性の作品が凡庸あるいは「二流」とつねに判断される根本的な原因のひとつなのです。もうひとつの原因は、女性の作品が地味な形式やジャンルに制限されてきたことです。過去の女性作曲家たちには、大規模なオーケストラ向きの交響曲を作曲する機会がまずありませんでした。また、女性画家たちが依頼されたり期待されたりするのは、室内風景や母子の肖像画などで、思い浮かぶのは印象派のベルト・モリゾやメアリー・カサットなど。また、後世に残っているものがあるかどうかも問題です。フランチェスカ・カッチーニの名前がほとんど知られていないのは、スコアが現存しないため演奏も研究もできないからです。そして視覚芸術では、「ゲリラ・ガールズ」を名乗るフェミニズム活動家たちが一九八五年から指摘してきたように、女性の作品が過小評価されたり「二流」に貶められたりするのは、美術館のコレクションや展覧会で取りあげられないからなのです。ゲリラ・ガールズの有名なポスターにはこう書かれています。「メットに入れてもらうには、女性は裸でないといけないの?」。要するに、ニューヨーク市のメトロポリタン美術館には、女性画家の作品よりも、裸婦を描いた作品のほうが圧倒的に多いということなのです。

女性の画家や作家や音楽家や映画監督も、男性と同じ機会を与えられるべきだし認められるべきだ、とフェミニストならだれもがそう思っています。ただし、なかにはこう主張するフェミニストもいます。これまで女性たちを不当に排除してきた伝統や規範のなかに、ごく少数の並はずれた女性の居場所を作ったとしても、より深い問題には対処できない。その問題とは男性中心の文化そのものである、と。わたしたちが「偉大さ」や「真価」を判断する基準も、そして、そもそもなにを芸術や知識とみなすかという基準も、中立的なものではありません。その基準を作り出す文化は、男性によって、男性のために、男性のイメージで作られているからです。シモーヌ・ド・ボーヴォワールが言うように、「男性は自分の視点から（世界を）語り、それを絶対的な真実だと勘違いしている」。だからこそフェミニストは、ペンや絵筆やカメラを持っているのがだれかを気に留めていなければなりません。大事なのは、男女を問わずひとりひとりの芸術家に平等な機会を要求することであり、また、家父長的な思い込みや基準に対抗するような、別の視点で語れる世界を持つことなのです。

先述した映画監督のスザンナ・ホワイトは、男性の視点、女性の視点というものがあるわけではないと認めながら、「自分ひとりのスクリーン」でこう主張しています。それでも男性と女性には、社会的な地位や人生経験から生じる違いがある。それぞれ、世界との関わりかたが違うので、世界について語れるストーリーも違うのだ、と。「わたしたちの見ているスクリーンが、この社会を映し出す」のだとしたら、あらゆるストーリーが男性によって語られる場合、そこにはなにが映し出されていないか――あるいはなにがゆがんで映っているか――を気に留めておく必要があります。芸術に表現されたわたしたち自身の姿は、人生においてなにが可能でなにが望ましいかという認識に影響を与えるのです。この点を、ホワイトは『ハンガー・ゲーム』［二〇一二年公開のアメリカのアクション映画］を使って説明しています。主人公の女性カットニスは弓矢の名手なのですが、この映画を観てアーチェリーを始める女の子が大幅に増えたというのです。もちろんこれは些細《ささい》な例かもしれませんが、全体となればそうとも言っていられません。

とはいえ、女性の作品をただ増やしたからといって、状況が自然に変わるものでしょうか。男性と同じように女性もまた、家父長的な伝統のなかでこの世界の見かたを形づくってきたのではないでしょうか。シュラミス・ファイアストーンはそう考えていました。一九世紀の女性画家たちの作品を検討しながら、ファイアストーンはこう言っています。「彼女たちは男性の目を通して女性を観察し、男性が理想とする女性像を描いた」。ファイアストーンにしてみれば、男性が作りあげた伝統のなかで仕事をしなければならないせいで、女性画家の作品は「本物でない」ことにされてしまいますが、同時にそれはどうしようもなかったのです。なぜなら、それに代わる本物の女性の伝統が存在していなかったのですから。ファイアストーンがそう書いたあと数年のあいだに、数多くの理論家や芸術家たちがこの問題をさらに深く掘り下げました。なぜ女性は自分自身と世界を「男性の目を通して」見るようになったのか。はたして、フェミニストは新たな伝統を作ることができるのか。もしできるなら、女性たちの作品はどんなものになるのだろう、と。

ジョン・バージャー［イギリスの小説家、美術評論家］は、『イメージ――視覚とメディア』というテレビ・シリーズをもとにした同タイトルの著書を一九七二年に出版しています。そのなかで彼は、これまで西洋の具象美術が、女性の資質や社会的役割に対する家父長的思い込みをどれほど映し出し、同時に強めてきたかを考察しています。人生と芸術の両面においてそのことを説明している部分は、もっとも有名です。

男は行動し、女は見られる。男は女を見る。女は見られるものとして自分を見る。これによって男と女の関係がほぼ決まるだけでなく、女と自分自身との関係も決まる。女にとって観察者は自分のなかの男であり、自分は観察される女である。こうして女は自分自身を対象へと変化させる。とりわけ視覚の対象へ、風景へと変化させるのだ。

バージャーは、ヨーロッパの伝統であるヌード絵画の議論を使って、この理論を説明しています。女性のヌードは、異性愛者の男性から向けられる欲望の対象です。しかし多くの場合、画家はヌードを描く際、女性が自分自身を客体化することに責任を負わせはしないまでも、加担はさせます。画家が女性の身体をこちらに捻《ねじ》らせて描けば、その不自然なゆがみは、女性が自分を魅力的に見せようとしている印象を与えます。画家が女性にまっすぐこちらを見つめさせて描けば、女性は積極的に男性の欲望を誘い、そこに喜びを感じているように見えます。また、画家は鏡のなかの自分にうっとりしている女性の姿を描くこともあります（バージャーに言わせればこれがいちばん偽善的です。「画家はみずからの快楽のために裸を描いておきながら、女性の手に鏡を握らせ、その絵を『虚栄』と名づけて女性を道徳的に非難するのだから」）。女性の身体は、男性同士――女性を描く画家と、女性を描いた絵に金を払う人——が取引する商品でありながら、作品の表現技法によって、いかにも女性が主導権を握っているように見えるのです。

『イメージ——視覚とメディア』の三年後、フェミニストの映画製作者で理論家のローラ・マルヴィは「視覚的快楽と物語映画」と題した論文を発表し、「男性の視線」という概念を説明しています。この言葉は今では単に「男性が女性を見る見かた」という意味でよく使われますが、マルヴィが語っているのはもっと複雑なことです。バージャーと同じように、マルヴィが言っているのも、表現の技法そのもの——この場合はとくにメインストリームの物語映画——が、男性の観客にも女性の観客にも、（異性愛者の）男性の視点を持つよう要求してくる、ということです。それによって観客は、アクションの中心にいる男性主人公と自分を同一視し、女性の登場人物に対しては、スクリーン上にいる男性が見ているのと同じやりかたで（たいがいは物として）見るのです。映画の場合、この効果を発揮させる重要な道具——男性の登場人物と一緒になって、女性の登場人物を見るよう観客に仕向ける——はカメラです。観客が見たり注意を向けたりする対象を、カメラの位置や動きによって制約し（ただし、現実主義の映画監督はこれをできるだけ観客に意識させないように行ないます)、たいていはカメラを、すなわち観客の視線を男性主人公の視線に合わせるのです。たとえば、カメラは男性の登場人物が女性をじっと見つめるようすを映し出すことで、観客にも同じようにさせます。あるいは、男性の登場人物が女性を見ているのを伝えるために、カメラは彼の視線の軌跡をたどるかのように、彼女の身体をゆっくりとパン［カメラを上下や左右に動かすこと］していったり、身体の一部をズームで写したりします。そのため、異性愛者の男性だけでなく、だれでも映画を観るときは必ず「男性の視線」で観るようになるのです。そして、性差の著しいこの観かたが、映画を観るという経験全体の喜びにも結びつきます。ここでもまた、男性だけでなく女性も、女性の身体を物として見るよう誘導されているのです。

黒人あるいはインターセクショナルのフェミニスト、またはその両方の視点で作られた最近の作品を見ると、西欧の芸術のなかで作られてきた視線は、男性の視線だけでなく、白人や人種差別主義者や植民地主義者の視線でもあることがわかります。この視線が黒人女性に向けられると、対象を著しく物体化する形になります。たとえば、コイサン族の女性サラ・バールトマンのケースでなにが起きたかは、これまで多くの作家が検証してきました。彼女は一九世紀初めに南アフリカからヨーロッパに連れてこられ、「ホッテントット・ヴィーナス」という人種差別的な名で見世物にされたのです。生きているあいだはもちろん、死後もヨーロッパの「人種科学」のためだとして、彼女の身体は解剖され、その一部が博物館に展示されました。バールトマンは文字どおり標本として、そして「原始的」で性欲過剰なアフリカ女性の見本として扱われたのです。フェミニスト研究者のT・ディニアン・シャープリー－ホワイティングによれば、バールトマンは「ひとりの人として、あるいは人間としてさえ」認められず、「性欲を刺激する存在、お尻と性器のコラージュ」として見られていました。今日ではこうした扱いかたを擁護するヨーロッパ人はほとんどいません。しかし、なかにはバールトマンのような一九世紀の黒人女性を侮辱的に描いた画像を、いまだに利用し続ける人がいて、明らかにそこからヒントを得ている作品もあります。たとえば、ジャン＝ポール・グード［フランスの映像作家、写真家、アートディレクター］の有名な写真では、グレース・ジョーンズ［ジャマイカ系アメリカ人のスーパーモデル、俳優］が裸で四つん這《ば》いになって檻《おり》のなかにいるし、最近では、キム・カーダシアン［アメリカのパーソナリティ、モデル、俳優」がお尻にシャンパングラスを載せてバランスを取っている写真（ただし、カーダシアンは白人でイブニングドレスを着て手袋をはめている）などもあります。

これまでわたしが取りあげてきたような理論は、特定の芸術作品がどんな働きをし、その過程でなにが達成されるかを説明するものでした。しかし、もしかしたらそこから実験的に新たな作品形式が生み出されるかもしれません。たとえば、ローラ・マルヴィが提唱した（そしてピーター・ウォレンと共同製作した）のは、自身が批判してきた従来の方法に頼らない映画でした。そこでは、観客に第三者的立場から鑑賞させ、カメラを物質的な存在として認識させています。ほかにも、フェミニストの映画製作者たちはそれぞれのやりかたで、メインストリームの慣習に挑戦してきました。ベルギーのシャンタル・アケルマン監督による映画『ジャンヌ・ディエルマン、ブリュッセル1080、コメルス河畔通り23番地』（マルヴィの論文と同じ年に製作され、『ニューヨーク・タイムズ』紙には「映画史上最高の女性映画の傑作」と賞賛されました）は、息子を育てるシングルマザーの主人公ジャンヌ・ディエルマンが自宅で男性に身体を売って暮らす日常を、三日間にわたって写した作品です。ベッドメイキング、皿洗い、食事の支度といった日常の行為をリアルタイムで撮影することによって、観客が抱く期待を裏切るのです。つまり、ふつうなら劇的で思いがけない出来事が前景化され、退屈な日常は背後に隠されるものだからです（アケルマンが指摘しているように、たいていの女性が長時間費やしていることを、これまでは見えなくしてきました）。身体を売るジャンヌの仕事は、家事と同じくさほど重要ではないし、いずれにせよどちらも決して楽しくはありません。映画の最後には劇的なことが起きるのですが（自分で観てほしいので言わないでおきます）、アケルマンは作品のどの部分でも、従来のハリウッド映画のやりかたに強く抵抗しています。

視覚の快楽に関する論文の最後で、マルヴィはこう認めています。一九七〇年代の革新的な映画製作によって、観客は従来の物語映画から得られる楽しみや満足のようなものを奪われた、と。それでも大きな損失はないとマルヴィは考えていたようです。「女性は、自分たちの姿が絶えず奪われ、その目的（男性からの視線の要求を満足させること）のために利用されてきたため、従来の形の映画が衰退していくのを見ても、せいぜい感傷的な寂しさを感じるくらいだ」。とはいえ、映画理論や芸術映画には縁のない女性たちがそれに同意するでしょうか。四〇年以上たった現在でも、「従来の形の映画」

が時代遅れになっていないのはあきらかです。ためしに、わたしの地元の複合型映画施設を覗《のぞ》いてみれば、観客のほとんどは依然として物語映画の楽しさに夢中になっています。だからといって、フェミニストが観客の期待を裏切るような芸術映画を作っても無駄だというわけではありませんが、もしかしたら物語映画にもちょっとした介入が必要かもしれません。性差別的な表現が定着し、広く普及している社会では、スザンナ・ホワイト監督が提唱するような変化（たとえば、カメラの後ろに立つ女性を増やす、女性の主役や脇役にもっとカメラの前で喋《しゃべ》らせる、映画で語られるストーリーを多様化する）によって前向きな違いが生まれる可能性もあるのです。

わたしはこれらを「ちょっとした介入」と呼んでいますが、近年ではフェミニストからのどんな介入であれ、行きすぎた介入と受け取られてしまうことが多いのです。たとえば二〇一六年、ハリウッドの人気映画『ゴーストバスターズ』がリメイクされた際、もともと男性が演じていた主要キャストを四人の女性が演じたことで、どれだけの怒りが巻き起こったことでしょう。あるいは二〇一三年、イングランド銀行は五ポンド紙幣の肖像画を、クエーカー教徒の女性社会活動家エリザベス・フライからウィンストン・

チャーチルに代えると発表しました。その結果、二〇一六年には流通するイギリスの紙幣四種類がすべて男性の肖像画になりました。作家で活動家のキャロライン・クリアド=ペレスはそのことに気づき、次回、紙幣に描かれる歴史上の人物を女性にするキャンペーンを開始したのです。すると、たちまちレイプや殺害の脅迫が押し寄せ、なかには深刻なものもあったため、脅迫犯は実刑判決を受けました［その後、ジェーン・オースティンが一〇ポンド札の肖像画に選ばれました］。二〇一二年、アメリカを拠点に活動するメディア評論家のアニータ・サーキージアンは、長期にわたってハラスメントの標的になりました（ハラスメントをしたひとりは「アニータ・サーキージアンを叩《たた》きのめせ」というビデオゲームを作りました。ほかには、彼女が予定していた講演会で射殺すると脅した者もいました）。これほどの脅迫をされた彼女は、いったいなにをしたのでしょう。実は、『お決まりの表現対女性（Tropes VS. Women）』と題した動画シリーズで、ビデオゲームのなかの性差別をひとつひとつ分析していたのです。

こうしたケースのどれを取っても、原因となったものに対して反応が強烈すぎるように思えます。なぜこんなにも多くの人たちが、これほど脅迫されなければならないのでしょう。紙幣の一枚くらいは女性が描かれていてもいいのではないか、あるいはメジャーな映画の一作くらいは主要キャスト全員を女性が演じてもいいのではないかと考えただけのことで。おそらく、これほどの怒りを買ったのは、文化は男の領域であり、そうあるべきだという信念のせいであり、また、現代における性の政治では、文化が中心となることのあらわれでもあります。昨今もっとも著名な反フェミニズムの理論家で、オルタナ右翼の「メニニスト（meninist）」たちは、エネルギーの大部分を文化の政治に注ぎ込んでいます。なぜなら、文化を変えることこそが政治を変えるための必須条件であり、その逆ではないと信じているからです。フェミニストも反フェミニストも、文化が政治的であることをつねに理解していました。というのも、思想や芸術表現や物語や理論は、不平等を維持するためにも是正するためにも、重要な役割を果たすからです。近年、オルタナ右翼が利用してきたのは、自分たちに残されたものは文化的特権だけだという、西側民主主義国の多くの男性が抱いている感覚です。このような意識（俺たちは女が戦闘パイロットになることも、プロのサッカー選手や首相になることも大目に見てきたが、ゴーストバスターになることだけは**絶対に**だめだ！）を嘲笑するのは簡単ですが、彼らの恨みはリアルで、場合によっては深刻な結果にもなりかねません。フェミニストにとって、これは新たな戦闘の場ではないものの、現在もこれからも、その重大性を過小評価してはならないのです。

第七章　断層線と未来

マスコミでは、フェミニズムの現状をわかりやすく解説する記事が定期的に取りあげられます。たとえば、『プロスペクト』誌は二〇一七年、こんな見出しの記事を掲載しました。「第四波フェミニズムについて知りたかったけれど怖くて訊《き》けなかったこと全部」。その記事によると、「フェミニズムの新たな広がりにより、二一世紀のフェミニズムに首尾一貫した定義を与えるのは難しくなっている」というのです。「首尾一貫した」が「考えかたや政治的目標が統一されている」という意味なら、今日のフェミニズムがこれまでのフェミニズムより首尾一貫していないとも言えないでしょう。なぜなら、あとの時代から見ると、当時の人たちが感じていたよりも、首尾一貫していたように思えることがよくあるからです。とはいえ、フェミニストは現在進行形で政治的課題を突きつけられているため、ある種の首尾一貫性を外部から求められているのはたしかかもしれません。

二〇〇八年の金融危機以来、女性の置かれた状況は、いたるところで経済的にも政治的にも悪くなっています。経済面では政府の緊縮財政プログラムの影響を受けたためであり、政治面ではナショナリズムと右翼権威主義が復活したためです。形態がかなり異なる国々、たとえばインド、ポーランド、ロシア、トルコ、アメリカ（これが全部ではありません）で、近年ようやく人びとが得た権利を、権威主義的指導者と保守派の議員が覆《くつがえ》そうとしています（ポーランドではほぼすべての人工妊娠中絶を禁じようとしたし、ロシアでは家庭内暴力の多くを犯罪の対象から外してしまいました）。国によっては、フェミニストが政府の工作員からハラスメントを受けています。たとえば二〇一七年、ヒューマン・ライツ・ウォッチの報告によれば、フェミニストのイベントに参加したロシア人女性のグループが警察に尋問され「過激的な活動」に対して警告を受けています。国によっては、極右グループがハラスメントをしている場合もあります。アメリカでオルタナ右翼を分析した研究者によれば、ネオナチや白人至上主義の組織に関わる人たちと、男性の権利活動に関わる人たちには強い結びつきが見られます。こんな状況だと、政治的目標はもはやひとつしかありません。つまり「反撃せよ」ということ。一貫性があるというのは必ずしもいいこととは限らないのです。

抵抗を効果的なものにするには、多様な人たちや意見が存在する幅広い連帯が必要です。だからフェミニストにとっては、ここでもまた女性たちのあいだに存在する力と不平等との関係を認め、それに対処しなければなりません。フェミニストたちは、おおむねそのことに同意しています。インターセクショナリティの考えかたに寄り添うことが、「第四波」の大きな特徴のひとつだと示したのは、なにも『プロスペクト』誌の記事が初めてではありません。ただ、インターセクショナリティについて話すことと、実行に移すことは別です。ドナルド・トランプの就任式に抗議するデモ「ウィメンズ・マーチ」は、あるレベルで見れば、フェミニストの連帯を印象づけるものでしたが、いっぽうで、一部の女性グループを排除したり疎外したりする衝突の場でもありました。黒人女性たちの指摘によれば、もともとの主催者はすべて白人であり、彼らがイベント用に選んだ名前は、過去の黒人女性や公民権運動家たちから無断で借用したものでした。ある活動家は主催者への公開書簡で、デモを支持できない理由を語っています。「〝ALL WOMEN（すべての女性）〟や〝ALL VOICES（すべての意見）〟と政治的に協力することは、アフリカ系の人びととの個別的ニーズを無視することになるからです」。またデモの際、女性たちが手製の猫耳ニット帽「プッシーハット」をかぶったり、「プッシーパワー」というプラカードを掲げたりしたこと（「俺は女のプッシーをつかめるんだ」というトランプの破廉恥発言への抗議）が、トランス女性に対して排他的で失礼なのではないかという議論も見られました。

そのことが問題になったという事実もまた、「第四波」の特徴を示しています。要するに、ジェンダー・アイデンティティや多様性という新たな問題に配慮しているということなのです。フェミニズムはその歴史の大部分において「女性解放運動」として、つまり女性全体の権利、平等、自由を要求する運動として認識されて（しばしば言及もされて）きました。二〇一五年にローリー・ペニー［イギリスのジャーナリスト、作家］が述べているように、「フェミニズムが女性に焦点を当てると、仲間はずれが起きかねない」と文句を言うのは、パン屋がパンを売っていることに文句を言うようなものなのです（あるいは、「じゃあ男のほうはどうなるんだ?」と昔から繰り返してきた反フェミニストと似たようなものです）。とはいえ、今日ではフェミニズムの支持者からも、従来の定義に疑問を投げかける声が上がっています。

ローリー・ペニーは「ジェンダークィア〔性自認が既存の枠組みに当てはまらない人を指す〕」という新しい波に属する活動家です。こうした活動家たちにとってフェミニズムとは、単に女性への抑圧と男性からの支配を終わらせる運動というだけでなく、そもそもこのふたつのカテゴリーを生み出した強固な二元論的ジェンダーシステムからすべての人を解放する運動でもあります。自分自身を「男性」か「女性」以外のものとして捉えている多くの人たち――トランス、ノンバイナリー、アジェンダー、ジェンダーフルイド、（ジェンダー）クィア――と同様、ペニーは幼いころから、標準的な男女のカテゴリーでは、自分が何者かという感覚をきちんとつかめなかったと回想しています（ただし彼女は女性を自認し続けており、わたしが「彼女」という代名詞を使うことに反対しませんでした）。この観点からすると、ジェンダーは第二波のフェミニストたちが捉えていたような、社会が男女に押しつける抑圧的で不平等な役割としてではなく、今やひとりひとりが自由に決めるべきアイデンティティの形として捉えられています。かつて第二波フェミニストたちは、みずからの政治的著作のなかでもユートピア小説のなかでも、性差のない未来世界を描いていました（シュラミス・ファイアストーンは一九七〇年、「性器の違いは、文化的にはもはやたいしたことではない」と言っています）が、ペニーは異なる見かたをしています。

わたしは性差のない世界を見たいとは思わない。わたしが見たいのは、ジェンダーが抑圧的でも強制的でもない世界であり、自分自身のアイデンティティを表現したり、実行したりする方法が、地球上の人びとの数だけ存在する世界だ。ジェンダーが苦しみではなく喜びとなる世界である。

結局のところ、これはファイアストーンのあとに続く「性差に批判的な」フェミニストたちの望む世界とそれほど大きな違いはないと言えるでしょう。もし地球上の人たちと同じ数だけのアイデンティティがほんとうに存在するなら、現在ある形のジェンダーはもはやないも同然です。そうなれば、ジェンダーという言葉は「人の性別にもとづいて押しつけられる社会的役割」という意味ではなく、「ひとりひとりの個性を表現する振る舞い」のような意味になります。ジェンダークィアのフェミニズムも、ファイアストーンのラディカル・フェミニズムの流れも、経路が違うだけで同じ目的地を目指しているのだとしたら、なぜそこに対立が生じるのでしょう。

ひとつの答えはこうです。ジェンダーが社会的に構築されることは、ほぼすべてのフェミニストが同意しているものの、それがなんのために構築され、だれが得をするかについては、考えかたが違ってくるのです。第四章で説明したように、ある文化のなかで「女らしい」や「男らしい」とされる資質や振る舞いは、あえて違いが作られたというだけではありません。それは男性の支配性を正当化しつつ、女性を従属的な立場に置いておくよう設計されているのです。ジェンダーをこのように見るフェミニストたちは、意図的にあるいは皮肉を込めて行なうジェンダー〝パフォーマンス〟（フェミニストでクィア理論家のジュディス・バトラーの研究から生まれた概念）が政治的な破壊力を持つ、という考えかたには懐疑的です。ローリー・ペニーが記しているように（彼女自身は同意していませんが）、フェミニストにとって、クィアやトランスのパフォーマンスは、とりわけ女らしさや男らしさのステレオタイプを演じると、女性を男性に従属させるシステムを破壊するどころか、むしろ強化してしまうと感じられるのです。

そして、もうひとつの答えはこうです。現代のジェンダー・アイデンティティ政治からは、「女性」というカテゴリーをどう定義するかという本質的な問題が生じるため、ここでもまたフェミニストたちの意見が違ってくるのです。フェミニストの多く、もしくはほとんどが「人は女に生まれるのではなく、女になるのだ」という考えかたに同意していますが、それでもまだこんな問いが残ります。人はどうやって女になるのか。女にはだれでもなれるのか、それともある種の経歴（自分の属する文化のなかで、男の子の扱いかたとは対照的な、女の子の扱いかたをされてきたこと）が必要なのでしょうか。女になることはある意味、特徴的な身体を持つことと密接に結びついているのでしょうか。わたしたちは、身体が社会的文脈のなかにあり、そのなかで身体的経験が根本から形づくられることは知っていますが、はたして、女性への抑圧を終わらせるフェミニズムのプロジェクトとつねに結びつくような、物質としての身体性にリアリティーはあるのでしょうか。

ローリー・ペニーは、（従来の）フェミニズムのプロジェクトとジェンダークィアのフェミニズムは両立しないわけではないと考えています。「性もまた政治的なカテゴリーであり、わたしは政治的には今も女性チームの一員だ」。しかしほかのフェミニストたち（どちらの側も）は、そのふたつの観点が融和するかどうか、確信を持てずにいます。このことは人びとの注目を集め、きわめて二極化した議論になっていますが、動きの速い議論でもあります。だから、どう発展していくかは短期的にさえ予測が難しいのです。ここから生まれた対立は、世代的なものとして捉えられることがよくあります（つまり、新しいジェンダー・アイデンティティ政治を批判する人は、第二波の思想を汲《く》む古いフェミニストとみなされ、考えの異なる若い女性たちがフェミニズムの中心になると、古い考えかたはおのずと重要性を失っていくと言われています）が、これはわたしが「はじめに」で取りあげたケースに当てはまります。要するに、フェミニズムを「波」で捉えると、実はどの世代にも内在する政治的な違いが目立たなくなる傾向があるのです。ジェンダーの本質と意味をめぐって異なる視点や対立する視点が存在するのは、フェミニズムとはなにか、その目的はなにかをめぐってさまざまな考えかたがあるのと同じです。この違いは現在にも過去にも存在したように、フェミニズムの未来にも存在するでしょう。

現代フェミニズムにおけるひとつのテーマであるジェンダー・アイデンティティがこれほど注目されるのは、より一般的な文化的関心が、アイデンティティの多様性に向けられているということです。そのため、現代フェミニズムのありかたに対して、批判的な考察がなされるようになりました。シルビア・ウォルビーによれば、二一世紀の現在、フェミニズムそのものはもはや政治的プロジェクトというより、個人のアイデンティティとして考えられるようになってきたのです。つまり、「Xさんはフェミニズムを実践しているだろうか」という問いは、「Xさんはフェミニストだろうか」に変わったのです。こんなふうに自己決定に重きが置かれると、インターセクショナリティや多様性の受け容れという目標から外れる可能性があるとウォルビーは言っています。なぜなら、実際にはフェミニズムを実践している——女性への抑圧に抵抗し女性の進歩のために活動している——にもかかわらず、そこには自分たちをフェミニストとは思っていない個人や組織（労働組合など）が含まれるため、「フェミニスト」のプロジェクトとして認識されないからです。これらのプロジェクトはジェンダーを人種や階級と交差させることを目的としているのに、それがフェミニズムのプロジェクトだと認識されなければ、結果的に労働者階級や黒人や少数民族のフェミニストが疎外されてしまいます。

評論家たちによれば、アイデンティティとしてのフェミニズムの隆盛は、消費者資本主義が草の根運動のイメージを利用して商品を売ってきたやりかたに似ています。アンディ・ツァイスラー［非営利のフェミニスト・メディア組織のライター兼共同設立者］は著書『わたしたちはかつてフェミニストだった（We Were Feminists Once）』のなかで、フェミニズムは現在、「だれもが消費できるし消費すべきアイデンティティ」として宣伝された結果、効果が薄れ、政治的要素がなくなったと言っています。政治的プロジェクトにはとくに関わっていない人たちでも、フェミニズムを思わせる製品を買うだけで、フェミニズム・アイデンティティを主張できるのです。たとえば最近、わたしのフェイスブックのフィードにあらわれたのは、フェミニストボックスという商品の広告です。五〇ポンド以上するそのボックスの中身は、Tシャツ、トートバッグ、バッジ、ステッカー、本一冊、雑誌二冊のほか、その会社の製品に使える割引クーポンまで含まれていました。二〇一七年には、ファッションに関心があり懐に余裕のある消費者なら、「みんなフェミニストでなくちゃ」とプリントされたディオールの限定版Tシャツを、七一〇ドルで（収益の一部は歌手のリアーナが設立した慈善団体に寄付されます）購入することもできました。

こんなふうに商品化されたフェミニズムに対しては、政治的な問題を個人の選択の問題に矮小化《わいしょうか》し、空虚な言説を生み出している、という批判もありました。たとえば、アメリカのパロディー新聞『ジ・オニオン』は以前、国際女性デーを風刺した記事にこんな見出しを付けています。「女性たちは今や、することなすことすべてからエンパワーメントされている」。フェミニズムがなによりもまず個人の選択の問題かどうかという議論は、重要な政治問題（たとえば、中絶や売春に関する法律を改正するかどうか、どう改正するか）との関わりで浮上しがちですが、多くの場合、その発端となるのは些細《ささい》な問題です。たとえば、イギリスの作家ゼイディー・スミスは二〇一七年、女の子たちが美容や化粧に時間をかけすぎるのは心配だ、とある新聞に語り、自分の娘には鏡を見る時間を一日一五分に制限していると付け加えました。すると一部のフェミニストは、みずからの選択で化粧をしている女性への攻撃だとして、彼女を非難したのです。また、彼女自身は美しくて化粧をする必要もないのだから、文句を言うのはお門違いだ、という声さえありました。

いっぽう、スミスを擁護する人たちはこう指摘しました。スミスがほんとうに批判したかったのは、女性が容姿をこれほど気にしなければならない社会的プレッシャーのことだ、と。第四章で述べたように、化粧をするかどうかなどを女性が決める際、世間的な美しさの基準に合わせなければ、という女性自身の認識が影響を与えます。また、女の子が社会と関わることで生まれてくる感情や欲求も影響を与えます。「個人的なことは政治的なこと」という意味のひとつは、個人の選択が完全に「自由」とは言えないことにあるのです。なぜなら女性たちの選択はつねに、その選択を行なう文脈のなかでなされるのですから。そして、アイデンティティと選択に関する現在の議論を見ればわかるように、同じことがフェミニズム自体にも当てはまるのです。

フェミニズムは今、定期的に訪れる「トレンド」の最中にあるのかもしれませんが、アンディ・ツァイスラーのような作家たちに言わせれば、フェミニストであることは、Tシャツを買う以上の努力が必要という意味で、決して簡単ではありません。それでもフェミニストたちが行動するのはなぜでしょうか。フェミニストの女性グループにそう尋ねると、彼女たちが語ったのは政治的活動に伴う困難や犠牲ではなく、フェミニズムがいかに自分たちの人生を豊かにしてくれるか、ということでした。フェミニズムのおかげでこの世界を知り直すことができたし、それによって自分たちの経験を理解することもできた、と。また、ほかの女性たちとも前向きにつながれたし、ラディカルな変化を起こせるという確信が、弱まるどころか強まったというのです。自分だけだと思い込んでいた不満を共有する女性コミュニティを見つけたとき、安心したと話す女性が多くいました。「精神的に救われた」と言う人もいます。別の人は「人生が変わった」と口にしました。ほかのフェミニストたち（ある人に言わせれば「自分で考えることを怖れない超カッコいい女性たち」）とつながりを持てたことは、彼女たち全員にとって大きな意味があったのです。そして、彼女たちはみな政治的な対立や挫折と向き合わなければならなかったものの、未来に対しては前向きでした。「フェミニズムのおかげで、楽観主義でいられます。変化を生み出す機会をフェミニズムが与えてくれるのです」

現代のフェミニズムがどんな課題に直面していようとも、わたしはこの楽観主義が威力を発揮すると思っています。フェミニズムの基本原理は、今や世界通貨とも言えるほどです。その影響は現代のほぼあらゆる社会において、なんらかの形で感じることができます。ただし、なかにはいまだに女性の基本的権利や自由を否定している社会もあります。国によってはこれからも抵抗に遭うでしょうし、それにどう対処すべきかについて、議論が起きていくでしょう。それでも、「女性は人であるという根源的な考えかた」が消え去ることはないのです。

参考文献

本書で参照した主要な書籍を年代順に挙げておきます。

Christine de Pizan, The Book of the City of Ladies [c. 1400]（Penguin Books, 1999）
メアリ・ウルストンクラーフト『女性の権利の擁護』（白井堯子訳、未来社、一九八〇年）
フリードリヒ・エンゲルス『家族・私有財産・国家の起源』（戸原四郎訳、岩波書店、一九六五年）
https://www.marxists.org/archive/marx/works/download/pdf/origin_family.pdf
Margaret Mead, Sex and Temperament in Three Primitive Societies [1935]（Harper Collins, 2001）
シモーヌ・ド・ボーヴォワール『決定版　第二の性』（『第二の性』を原文で読み直す会訳、河出文庫、二〇二三年）
シュラミス・ファイアストーン『性の弁証法——女性解放革命の場合』（林弘子訳、評論社、一九七二年）

Angela Davis, Women, Race and Class（Vintage, 1983）Bell Hooks, Feminist Theory: From Margin to Center（South End Press, 1984）
ゲルダ・ラーナー『家父長制の起源と歴史』（奥田暁子訳、三一書房、一九九六年）
ジュディス・バトラー『ジェンダー・トラブル――フェミニズムとアイデンティティの攪乱《かくらん》』（竹村和子訳、青土社、一九九九年）
Sylvia Walby, Theorising Patriarchy（Blackwell, 1990）

もっと学びたい人のための読書案内

はじめに

フェミニズムを扱った一般読者向けの比較的新しい本を二冊。チママンダ・ンゴズィ・アディーチェ『男も女もみんなフェミニストでなきゃ』（くぼたのぞみ訳、河出書房新社、二〇一七年）と、ベル・フックス『フェミニズムはみんなのもの——情熱の政治学』（堀田碧訳、新水社、二〇〇二〇年）。

ドロシー・L・セイヤーズの講義「女性は人間か？」は『人気のない意見（Unpopular Opinions)』(Gollancz, 1946) 所収。ウィニフレッド・ホルトビーの言葉は、著書『女性たちそして変わりゆく文明（Women and a Changing Civilisation)』(John Lane, 1934) からの引用です。一八五〇年から一九三九年までの、イギリスにおける女性解放運動の概要については、http://www.historytoday.com/martin-pugh/womens-movement を参照のこと。一九二〇年から現在までのアメリカにおけるフェミニズムの簡単な歴史については、ドロシー・スー・コブル、リンダ・ゴードン、アストリッド・ヘンリー著『終わらないフェミニズム（Feminism Unfinished)』(Norton, 2014) を挙げておきます。ハイジ・サフィア・ミルザ編『イギリスの黒人フェミニズム——選集（Black British Feminism:A Reader）』（Routledge, 1998）は、イギリスの黒人フェミニストや有色人種のフェミニストによる二〇世紀の理論的、政治的な著作からなるすぐれた選集です。また、ジュリア・サドベリー『ほかの種類の夢（Other Kinds of Dreams）』（Routledge, 1998）は、イギリスの黒人女性による政治組織の歴史を描いています。

キンバリー・クレンショーがインターセクショナリティについて取りあげているサイトは、http://www.ted.com/talks/kimberle_crenshaw_the_urgency_of_intersectionality. このテーマに関するわかりやすい書籍には、パトリシア・ヒル・コリンズとスルマ・ビルゲ著『インターセクショナリティ』（小原理乃訳、人文書院、二〇二一年）があります。

グローバルな運動としてのフェミニズムについては、アムリタ・バス編の『グローバル時代における女性たちの運動（Women's Movements in the Global Era）』（Routledge, 2016）。

第一章　支配

フェミニズム理論を知る手段としてのスペキュレイティブ・フィクションについては、ジュディス・A・リトル編 Feminist Philosophy and Science Fiction: Utopias and Dystopias (Prometheus Books, 2007) を参照のこと。本章で参照したフィクションは、ナオミ・オルダーマン著『パワー』（安原和見訳、河出書房新社、二〇一八年）、マージ・ピアシー著『時を飛翔する女』（近藤和子訳、學藝書林、一九九七年）、シャーロット・アンナ・ギルマン『ハーランド』（大井浩二訳、松柏社、二〇一一年）。

第二章　権利

世界中の女性の権利については、国連女性機関（UN Women）のウェブサイトに事実、数字、国連公式文書へのリンクが挙げられています。http://www.unwomen.org/en/what-we-do. キャサリン・マッキノンの『女性は人間か？（Are Women Human?）』（Harvard University Press, 2006）は、女性、法律、人権に関する著者の選集。

生殖の権利に関するフェミニスト作品の古典は、アンジェラ・デイヴィス Women, Race and Class の、避妊と強制不妊手術の項目を参照。中絶の政治的現状については、カター・ポリット著 Pro: Reclaiming Abortion Rights（Picador,2014）を参照のこと。

マイノリティと宗教的権利については、クリスティーヌ・デルフィ Separate and Dominate（Verso, 2015）、およびヤスミン・レーマンによるデルフィ批評「どうしてこうなった？（How have we come to this?）」（Trouble&Strife,19 April 2016, http://www.troubleandstrife.

org/2016/04/how-have-we-come-to-this/）、プラグナ・パテル「イギリスにおけるシャリーア論争（The Sharia debate in the UK: Who Will Listen to Our Voices?）」（openDemocracy, 14 December 2016, https://www.opendemocracy.net/en/5050/sharia-debate-who-will-listen-to-us/）そしてアイェレ・シャハール「もつれ（Entangled: family, religion and Human rights）」、シンディ・ホルダー、デイヴィッド・レイディ編 Human Rights: The Hard Questions（Cambridge University Press, 2013）, pp. 115–35 があります。

第三章　仕事

有給の家事労働の階級、人種、性の政治については、ブリジット・アンダーソン Doing the Dirty Work（Zed Books, 2000）を参照。

アマルティア・センの論文「一億人以上の女性の生命が喪《うしな》われている（More Than 100 Million Women Are Missing）」（New York Review of Books, 20 December 1990）は、http://www.nybooks.com/articles/1990/12/20//more-than-100-million-women-are-missing/。

バーバラ・エーレンライク著『ニッケル・アンド・ダイムド――アメリカ下流社会の現実』（曽田和子訳、東洋経済新報社、二〇〇六年）は、低賃金で女性の多い職場で働く女性の生活実態を描いています。

カトリーン・マルサル著『アダム・スミスの夕食を作ったのは誰か?』(高橋璃子訳、河出書房新社、二〇二一年)は、経済学が男性中心であることを論じています(タイトルへの答えは「彼の母親」です。母親はお金のためでなく愛情ゆえにそうしていたのです)。

第四章　女らしさ

女らしさに関するフェミニズムの古典的作品には、スーザン・ブラウンミラー『女らしさ』(幾島幸子、青島淳子訳、勁草書房、一九九八年)やナオミ・ウルフ『美の陰謀——女たちの見えない敵』(曽田和子訳、阪急コミュニケーションズ、一九九四年)があります。最近の作品では、エマー・オトゥール Girls Will Be Girls (Orion, 2015)。

コーデリア・ファイン Delusions of Gender (Icon Books, 2010) とアンジェラ・サイニー『科学の女性差別とたたかう——脳科学から人類の進化史まで』(東郷えりか訳、作品社、二〇一九年)は、性差とジェンダー差の科学をフェミニズムの視点で解説しています。

ブロンウィン・デイヴィスによる、就学前の子どもたちの性別獲得に関する研究は、Frogs and Snails and Feminist Tales (Hampton Press, 2002)。ロス・ボールとジェームズ・ミラーはジェンダー日記を書き、親としての経験を本にまとめました。The Gender Agenda（Jessica Kingsley Publishers, 2017）。

ヘザー・ウィドウズによる二〇一五年の講演は、オンラインで視聴可能（http://www.birmingham.ac.uk/generic/beauty/news/2015/why-beauty-matters.aspx）。ジュリア・セラーノによる女らしさの分析は、『ウィッピング・ガール——トランスの女性はなぜ叩《たた》かれるのか』（矢部文訳、サウザンブックス社、二〇二三年）。男らしさの構築に関する考察については、グレイソン・ペリー『男らしさの終焉《しゅうえん》』（小磯洋光訳、フィルムアート社、二〇一九年）を参照のこと。

第五章　セックス

一三一ページで引用したキャロル・ヴァンスの言葉は、ヴァンス編Pleasure and Danger（Routledge, 1984）からの引用。リン・シーガルはStraight Sex（Verso, 2015）で快楽のフェミニズム政治について描いています。

一九七〇年発表の、アン・コートによる古典的なエッセイ「膣《ちつ》オーガズムの神話（The Myth Of The Vaginal Orgasm）」は、オンラインで閲覧可能。https://www.cwluherstory.

org/classic-feminist-writings-articles/myth-of-the-vaginal-orgasm

ペギー・オレンスタインの Girls and Sex（HarperCollins, 2016）は、二〇世紀のアメリカにおける思春期の少女の性体験を紹介しています。

ポルノ文化は、アリエル・レヴィ著 Female Chauvinist Pigs（Pocket Books, 2006）の主題です。ケイト・ハーディングス Asking For It（Da Capo Press, 2015）は、レイプ文化という現象を紹介しています。

売春に対するフェミニストの議論についてはキャット・バンヤードの Pimp State（Faber&Faber, 2016）があります。反対の議論については、ローリー・ペニー Meat Market（Zero Books, 2011）を参照のこと。

アドリエンヌ・リッチのエッセイ 'Compulsory heterosexuality and lesbian existence' は the Journal of Women's History 15（3）, Autumn 2003, pp. 11–48 に再録されています。フェミニズム時代とそれ以前のイギリスにおけるレズビアン女性の経験については、レベッカ・ジェニングス A Lesbian History of Britain（Greenwood World Publishing, 2007）を参照のこと。

リサ・ダウニングの「セックスに批判的」なフェミニズムという考えかたについては、彼女のブログ http://sexcritical.co.uk/2012/07/27/what-is-sex-critical-and-why-should-we-careabout-it/ を参照。

第六章　文化

一九二九年初版のヴァージニア・ウルフ『自分ひとりの部屋』（片山亜紀訳、平凡社。二〇一五年）は、その前年にケンブリッジで行なった「女性とフィクション」をテーマとする講義をもとにして書かれました。アリス・ウォーカーの一九七四年のエッセイは『母の庭をさがして』（荒このみ訳、東京書籍、一九九二年）。原文は https://msmagazine.com/2023/04/13/in-search-of-our-mothers-gardens-creativity-black-women-south/。スザンナ・ホワイトによる二〇一七年のフルブライトでの講演「自分ひとりのスクリーン」のテキストは https://directors.uk.com/news/a-screen-of-one-s-own-a-fulbright-lecture-by-susanna-white で読めます。

女性作曲家に関する情報はアンナ・ビアー Sounds and Sweet Airs: The Forgotten Women of Classical Music（Oneworld Publications, 2016）からの引用。キャサリン・ニコルズ Homme de plume: what I learned sending my novel out under a male name は https://jezebel.com/homme-de-plume-what-i-learned-sending-my-novel-out-und-1720637627.

女性の描写法を扱った「Ways of Seeing」の放映分は、ユーチューブ（https://www.

youtube.com/watch?v=m1GI8mNU5Sg）で視聴可能。書籍版はジョン・バージャー『イメージ――視覚とメディア』（伊藤俊治訳、筑摩学芸文庫、二〇一三年）。男性の視線に関するローラ・マルヴィの論文は多くのアンソロジーに登場しますが、オリジナルは'Visual pleasure and narrative cinema', Screen 16（3）, Autumn 1975, pp. 6–18（邦訳は『新映画理論集成』[斉藤綾子訳、フィルムアート社、一九九八年] 所収「視覚的快楽と物語映画」）。人種差別、白人の視線、黒人女性の描写については、T・ディニアン・シャープリー・ホワイティング Black Venus（Duke University Press, 1999）と、ベル・フックス Black Looks: Race and Representation（Routledge, 2015）を参照のこと。

フェミニズムに対して文化戦争を仕掛けるオルタナ右翼の戦術を考察した議論は、アンジェラ・ネイグルの本 Kill All Normies（Zero Books, 2017）を参照してください。

第七章　断層線と未来

世界中のフェミニストが直面している課題についての簡潔な議論は（少し前のものですが）、ベアトリクス・キャンベルの End of Equality（Seagull Books, 2014）を参照のこと。ローリー・ペニーの「ジェンダークィア・フェミニストになる方法（How To Be A Genderqueer

Feminist）」はhttps://www.buzzfeednews.com/article/lauriepenny/how-to-be-a-genderqueer-feministで読むことができます。

シルヴィア・ウォルビー The Future of Feminism（Polity Press, 2011）は、二〇一〇年から二〇一九年までのフェミニズムの状況を学術的に予測した書籍です。キラ・コクランのAll the Rebel Women（Guardian Shorts, 2013）はイギリスの「第四波」をアカデミックではない視点で調査した本。

フェミニズムの商品化については、アンディ・ツァイスラーのWe Were Feminists Once（PublicAffairs, 2016）で議論されています。

謝辞

長年にわたって、わたしが集合的な知恵を学んできたすべてのフェミニストにお礼を言いたい。マリーナ・ストリンコフスキー、テレサ・バロンに感謝しているし、もっともすぐれたわが批評家であるメリル・アルトマンには特別な感謝を捧げる。

訳者あとがき

今年の六月、アメリカのすぐれた演劇に授与されるトニー賞で、ノンバイナリー（性自認が男女どちらでもない）を公表している俳優ふたりが、ミュージカル部門の主演男優賞と助演男優賞をそれぞれ受賞した。トニー賞の歴史のなかでもはじめてのことだという。いっぽう、男女別の表彰そのものを拒否し、候補になることを辞退した俳優もいた。アメリカではこのところ、男女を分けない演劇賞が増えており、「主演俳優賞」「助演俳優賞」をふたりずつ選ぶという形を取っている。また、音楽のグラミー賞でもジェンダー区分をやめたという。

このニュースを聞いて、わたしは目の覚めるような気持ちになった。これまで、「女流画家」や「女医」「女性大統領候補」など、女性を「第二の性」とする呼び名を聞くたびにモヤモヤするものを感じてきた（今ではさすがに「女流〜」という言葉はあまり使われなくなってきたが）。それでも「男優賞」と「女優賞」に関しては正直あまり疑問を抱いたことがなかった。なぜなら、「俳優賞」と「女優賞」ではなく、男性と女性を等しく扱っていると思っていたからだ。しかし、本書にも書かれているように、ジェンダーはもはや男女という二元論ではなく「ひとりひとりが自由に決めるべきアイデンティティ」になりつつある。

トランスジェンダーはもちろんのこと、ノンバイナリー、アセクシャル（他者に性的欲求を持たない）などは決して最近になってあらわれたわけではない。これまでも存在していたのに、「ないもの」にされていただけで、それがようやく顕在化し認識されようとしているのである。

本書は、フェミニズムの基本的な問題を七章に分けて取りあげ、歴史的な変遷をふまえてわかりやすく記している。

そもそもフェミニズムとは「男女同権にもとづいて女性の権利を擁護する運動」とされる。そのこと自体に反対するフェミニストはいないだろう。ところが、ひとつひとつの問題に踏み込んだとたん、フェミニストのあいだでも意見が分かれる。ひとことでフェミニストと言っても、決して一枚岩ではないのであり、そのことは本書でさまざまな事例を通じて何度も強調されている。女性たちのあいだにも人種や国の違い、貧富の差などがあるため、利害が一致しない場合が多いのだ。

たとえば、女性は家事に忙殺されるため外で長時間働くことが難しく、男性とのあいだで経済的な不均衡が生じるという事実がある。「それなら国が家事に報酬を支払ってはどうか」という意見が出る。すると、「いや、それでは家事が女性の役割として固定化されてしまう」という反論が上がる。「だったら外注してプロに委ねれば効率的ではないか」という意見も出る。しかしそうすると、家事を外注できるほど裕福な女性が、貧しい女性を搾取することにならないだろうか。

そして、女性が家事を外注する際、罪悪感を抱くのはなぜか、という問題が提示される。本来なら、家事が減ることで男性も助かっているはずなのに、女性だけが罪悪感を抱いてしまうのは、家事や育児は妻の責任だという根深い考えかたがあるからだ。とはいえ、問題は男性だけにあるわけではない。ほんとうの問題は、いまだにしぶとく残る家父長的考えかたにあり、女性を低い賃金で働かせることで利益を得ている社会システムにある。

もうひとつ、意見が分かれる例を挙げてみよう。それはルッキズムの問題だ。女性に求められる美の基準に沿うよう、ハイヒールをはいたり美容整形手術を受けたりするのは、社会からの目に見えない圧力に屈しているのだ、とする主張がある。いっぽう、女性が美を求めるのは、生殖の自由を求めるのと同様、女性の自由な選択によるものなのだから本人の権利だという考えかたもある。

フェミニズムにこれほどの多様性があるということを、わたしは今回初めて具体的に知ることができた。本書のいちばんの特徴は、フェミニストのあいだに存在するこうした意見の相違や対立を、率直にそして公平に描き出している点ではないだろうか。


東京都のインターネット調査によると、「性別で教科や仕事に得意・不得意や向き・不向きがある」と思っている児童が四割前後もいるという。そして教員や保護者でも同様の認識がみられた（二〇二二年、東京都内の公立小学校の五、六年生と教員、保護者計九六九五人からの回答）。こうした無意識のバイアスによって、子どもの進路や生きかたの選択肢が狭められている可能性が高いとしたら、それはとても残念なことだ。

この調査結果に関連してわたしが興味を惹《ひ》かれたのは、「女らしさ」の章で取りあげられているリベラルな両親の事例だ。彼らは子どもが生まれた瞬間から、周囲の大人たちの言葉を克明に記録していった。その結果、無意識のうちに女の子らしい振る舞いを褒めたり、男の子らしい勇気をおだてたりしていたという。女の子らしさや男の子らしさを押しつけないよう、ジェンダー・ニュートラルに育てようとしている大人でさえ、バイアスのかかった言葉をかけてしまっていることがわかる。それによって子どもたちは知らず知らずのあいだに男女の違いを内面化し、社会化されていくのだ。

この一〇年ほどでジェンダーをめぐる状況は驚くほど進歩した。これまで隠れていたさまざまな差別も、解消とまではいかなくても、少なくとも可視化されるようになり、日本の現状は、外国からの圧力によるところが大きいとはいえ、おおむねよい方向に変わりつつある（ただし、二〇二三年度のジェンダー・ギャップ指数において、日本は一四六カ国中一二五位で、前年より九位も下がっている。一位のアイスランドははるか雲の上、最下位のアフガニスタンはすぐそこだ）。

わたしは若い女性はもちろんのこと、若い男性たちに期待している。自分たちが下駄をはかされていることにすら気づかなかった世代の男性と違って、彼らは下駄をはかされて手にした成功には違和感を持てる世代である。本書の最後に書かれていたように、楽観主義こそがフェミニズムの未来を照らしてくれるとわたしは信じている。

本書を訳しながら訳者自身も学ぶところが数多くあった。翻訳する機会を与えてくださった筑摩書房の藤岡美玲さんに深く感謝したい。

二〇二三年七月　向井和美

ちくまプリマー新書

377
みんな自分らしくいるための
はじめてのＬＧＢＴ
遠藤まめた
恋愛における変なルール、個性を抑えつける校則、家族は仲が良くないといけない……。性の多様性を考えることで、「当たり前」から自由になれる。

374
「自分らしさ」と日本語
中村桃子
なぜ小中学生女子は「わたし」ではなく「うち」と言うのか？　社会言語学の知見から、ことばと社会とわたしたちの一筋縄ではいかない関係をひもとく。

156
女子校育ち
辛酸なめ子
女子100％の濃密ワールドの洗礼を受けた彼女たちは、卒業後も独特のオーラを発し続ける。文化祭や同窓会潜入も交え、知られざる生態が明らかに。ＬＯＶＥ女子校！

336
ダイエット幻想
――やせること、愛されること
磯野真穂
モテたい、選ばれたい、認められたい……。ダイエットの動機は様々だけど、その強い思いで生きづらくなっていませんか？　食べると生きるをいま見つめなおそう！

188
女子のキャリア
――〈男社会〉のしくみ、教えます
海老原嗣生
女性が働きやすい会社かどう見極める？　長く働き続けるためにどう立ち回ればいい？　知って欲しい企業の現実と、今後の見通しを「雇用のカリスマ」が伝授する。

ちくまプリマー新書

428
「死にたい」と言われたら
——自殺の心理学
末木新
日本人の約2％が自殺で死亡している。なぜ自殺は起こるのか、自殺は悪いことなのか、死にたい気持ちにどう対応するのか——心理学の知見から考える。

222
友だちは永遠じゃない
——社会学でつながりを考える
森真一
親子や友人、学校や会社など固定的な関係も「一時的協力理論」というフィルターを通すと、違った姿が見えてくる。そんな社会像やそこに見いだせる可能性を考える。

351
「さみしさ」の力
——孤独と自立の心理学
榎本博明
自分の内面に目が向かう青年期。誰とも違う個別性の自覚とともに、痛切な「さみしさ」が生まれてくる。この感情の様相をとらえつつ、自立という問題を考察する。

316
なぜ人と人は支え合うのか
——「障害」から考える
渡辺一史
障害者を考えることは健常者を考えることであり、同時に自分自身を考えること。なぜ人と人は支え合って生きるのかを「障害」を軸に解き明かす。

079
友だち幻想
——人と人の〈つながり〉を考える
菅野仁
「みんな仲良く」という理念、「私を丸ごと受け入れてくれる人がきっといる」という幻想の中に真の親しさは得られない。人間関係を根本から見直す、実用的社会学の本。

ちくまプリマー新書

002
先生はえらい
内田樹
「先生はえらい」のです。たとえ何ひとつ教えてくれなくても。「えらい」と思いさえすれば学びの道はひらかれる。——だれもが幸福になれる、常識やぶりの教育論。

424
偏差値45からの大学の選び方
山内太地
「有名大に行きたい」と思うけれど、合格するのは上位数%だけ。だから重要なのは「第2志望」の選び方を知ること。足りないのは努力でもお金でもなく情報だ！

277
先生は教えてくれない
大学のトリセツ
田中研之輔
大学の4年間どうやって過ごしますか？　なんとなく講義を受けているだけではもったいない。卒業後どう生きるか目標をもって、大学を有効利用する方法を教えます。

321
教授だから知っている
大学入試のトリセツ
田中研之輔
大学入試が変わる！　暗記じゃ答えられない問題にどう対処すれば？　ＡＯ・推薦入試にはどんな対策が必要？これまでになかった入試との向き合い方を教えます。

中学生からの大学講義　正続8巻セット
好評「中学生からの大学講義」正・続編！　豪華講師陣が、学問の今を全力で伝えます。

ちくまプリマー新書435

はじめてのフェミニズム

二〇二三年九月十日　初版第一刷発行

著者　デボラ・キャメロン
訳者　向井和美（むかい・かずみ）
装幀　クラフト・エヴィング商會
発行者　喜入冬子
発行所　株式会社筑摩書房
東京都台東区蔵前二-五-三　〒一一一-八七五五
電話番号　〇三-五六八七-二六〇一（代表）
印刷・製本　中央精版印刷株式会社

ISBN978-4-480-68462-2 C0236 Printed in Japan